快消品渠道竞争

缩量时代的制胜策略

谢忠涛/著

中华工商联合出版社

图书在版编目（CIP）数据

快消品渠道竞争：缩量时代的制胜策略 / 谢忠涛著.
北京：中华工商联合出版社，2025. 5. -- ISBN 978-7
-5158-4246-2

Ⅰ．F713.58

中国国家版本馆 CIP 数据核字第 20251UD718 号

快消品渠道竞争：缩量时代的制胜策略

作　　者：	谢忠涛
出 品 人：	刘　刚
责任编辑：	于建廷　效慧辉
装帧设计：	周　源
责任审读：	傅德华
责任印制：	陈德松
出版发行：	中华工商联合出版社有限责任公司
印　　刷：	北京毅峰迅捷印刷有限公司
版　　次：	2025 年 7 月第 1 版
印　　次：	2025 年 7 月第 1 次印刷
开　　本：	710mm×1000 mm　1/16
字　　数：	240 千字
印　　张：	14.25
书　　号：	ISBN 978-7-5158-4246-2
定　　价：	68.00 元

服务热线：010-58301130-0（前台）
销售热线：010-58301132（发行部）
　　　　　010-58302977（网络部）
　　　　　010-58302837（馆配部）
　　　　　010-58302813（团购部）
地址邮编：北京市西城区西环广场 A 座
　　　　　19-20 层，100044
　　　　　http://www.chgslcbs.cn
投稿热线：010-58302907（总编室）
投稿邮箱：1621239583@qq.com

工商联版图书
版权所有　侵权必究

凡本社图书出现印装质量问题，
请与印务部联系。

联系电话：010-58302915

前　言

随着快消品市场的快速发展与不断成熟，市场正逐步趋向饱和，增长潜力日渐收窄，行业已从增量竞争阶段迈入以缩量竞争为主的新纪元。快消品企业之间的竞争也不断加剧：在产品层面，新品不断涌现，市场竞争日趋激烈，内卷现象严重；在渠道层面，消费者购买路径呈现多元化与复杂性；在品牌层面，则遭遇流量增长瓶颈，获取新客户面临更大挑战且成本攀升。

在这样的环境下，未来 3 年到 10 年，专家型管理人才将会变得越来越值钱。因为市场正在变得格外的高标准，对效益的要求，对体验的要求，包括对整个经营合规性的要求都变得越来越高，这时候本质上是管理的门槛高了。过去，快消品行业的增长主要依赖大规模的资源投入和区域市场扩张带来的增长，当前这些传统增长方法的增量空间正逐渐缩小。未来，企业可能就要依靠创造一些独特的附加值、客户体验、市场价值才能带来增长，这时候比拼的就是谁更专业。在同等的市场环境下，谁更专业谁的经营管理能力更强，就能赢得对手；在同等兵力下交战，同样是拼刺刀，动作比对手更专业，就能赢得战争。在这个过程中，一些比较平庸的管理者价值会越来越低，逐渐被更专业的管理者所取代。

本书正是为想要不断进步，提升自己专业能力的快消行业从业者量身定制的一本专业书籍。笔者从事快消行业十余年，一直在不断提升自己的能力和经验，在此期间阅书无数，但笔者总觉得市场上还是缺少一本关于提升快消品从业人员专业技能的书籍。

快消品从业人员从工作性质上来说分为两类：一类是在市场上跑销售的，包括销售代表、销售主管、区域经理等；一类是待在办公室的，包括市场部、渠道部、发展部等。目前市面上快消类书籍，有专门针对销售代表的终端拜访类书籍，此类书籍把终端拜访这件事写得很"详细"，终端拜访本是很简单的一件事，写得过于"详细"难免会掺杂一些水分。俗话说得好"真传一句话，假传万卷书"，而关于终端拜访类知识，本书也有涉及，完全够用。市面上还有专门针对销售主管写的书籍，但此类书籍笔者在读完以后发现还是"差点意思"，此类书籍多是分享自己的一些经验和案例，但还是少了一些重要的知识体系（如市场规律，数据分析等），等看完以后感觉好像是学到了，但又不知道怎么去做。再就是快消品其他类书籍，有很多书籍都是几年前写的，没有更新，里面的很多案例已经老化了。可以这么说，不是快消品类书籍没有销量，而是市场上仍缺乏一本能够深入理解快消品行业从业人员的书籍。基于上述原因，笔者决定自己写一本快消品类专业书籍，以弥补此类书籍的市场空白。

| 前 言 |

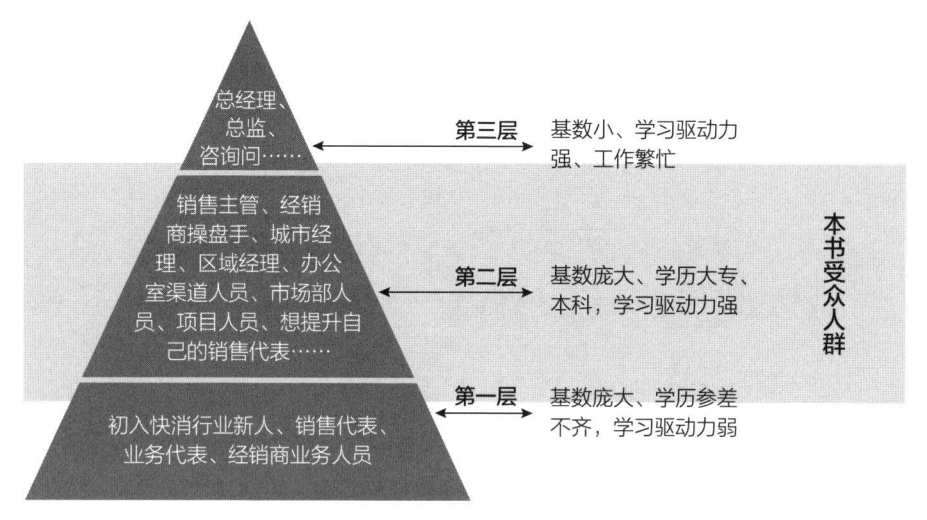

图中金字塔结构（从上至下）：

- 第三层：总经理、总监、咨询问…… —— 基数小、学习驱动力强、工作繁忙
- 第二层：销售主管、经销商操盘手、城市经理、区域经理、办公室渠道人员、市场部人员、项目人员、想提升自己的销售代表…… —— 基数庞大、学历大专、本科，学习驱动力强
- 第一层：初入快消行业新人、销售代表、业务代表、经销商业务人员 —— 基数庞大、学历参差不齐，学习驱动力弱

第二层、第三层为"本书受众人群"

图　快消品行业从业人员现状及本书受众人群

如上图：快消品行业从业人员按知识体系分为三层，第一层人员基数庞大，但学习驱动力不足，拥有终端拜访类知识体系就足够；第二层人员基数庞大，学习驱动力强，需要全面系统的快消行业知识体系，本书专为此类人群打造；第三层人员学习驱动力强，但基数较少。

目 录
Contents

第一章　**渠道竞争原理** / 001

　　一、实战类营销原理 / 004

　　　　（一）增量原理，销量增长的本质 / 004

　　　　（二）渠道革命：扁平化原理 / 006

　　　　（三）驱动经销商的秘诀：占比原理 / 008

　　　　（四）拉力与推力，营与销 / 009

　　　　（五）促销的黄金法则 / 011

　　二、市场发展的内在运行规律 / 014

　　　　（一）产品的轮回：生命周期原理 / 014

　　　　（二）三力原理，企业竞争密钥 / 017

　　　　（三）市场活力的根本：供需原理 / 019

　　　　（四）营销命脉：价格与利润 / 021

　　　　（五）要素联动的基本模式：辐射与带动 / 022

| 第二章 | **渠道竞争基础** / 025

一、市场诊断分析模型 / 028

（一）诊断分析的8个维度 / 029

（二）改善与提升流程 / 038

二、销售数据分析模型 / 039

（一）基础数据分析 / 040

（二）抓重点，渠道结构分析 / 041

（三）看清品类的发展趋势：分品类分析 / 042

（四）寻找市场"洼地"：分区域分析 / 043

（五）多维度数据分析 / 044

三、从市场调研分析市场 / 045

（一）调研的基本原则与维度 / 045

（二）调研的主要内容 / 047

（三）资料分析与总结 / 049

| 第三章 | **渠道竞争布局** / 053

一、战略思维：渠道布局 / 056

（一）以网点数量取胜：密集型分销布局 / 057

（二）独家分销布局 / 059

（三）平衡的艺术：选择分销 / 061

（四）自建渠道：品牌建设的加速器 / 064

二、厂家和经销商的合作模式 / 067

　　（一）以经销商为主导的大客户代理模式 / 067

　　（二）以厂家为主导的助销模式 / 069

　　（三）厂商共建模式，实现风险共担 / 072

　　（四）代工贴牌模式 / 075

　　（五）增长飞轮：加盟模式 / 077

三、先谋竞争模式，再谋渠道布局 / 077

　　（一）大单品竞争模式 / 078

　　（二）多品渗透竞争 / 081

　　（三）价格竞争模式 / 083

　　（四）"盘中盘"竞争模式 / 086

第四章　**渠道竞争策略** / 091

一、经销商优化的四个"锦囊" / 094

　　（一）"一商一策"落地与实施 / 094

　　（二）精细化管理：经销商分级 / 098

　　（三）竞争优势构建：样板市场打造 / 104

　　（四）招商的智慧 / 109

二、五个市场增长"妙计" / 112

　　（一）资源高效配置：终端店分级 / 112

（二）守护市场繁荣：稳价之道 / 117

（三）新品上市突破全攻略 / 123

（四）资源聚焦：市场分级 / 130

（五）不乱价的促销策略 / 135

第五章　**渠道运营与管理** / 145

一、传统渠道运营与管理 / 148

（一）特点与开发流程 / 149

（二）摸排与目标店铺选择 / 149

（三）终端铺市 / 155

（四）终端拜访 / 157

（五）终端维护 / 159

二、餐饮渠道运营与管理 / 162

（一）特点与分级 / 162

（二）调研与售点选择 / 165

（三）终端进店 / 167

（四）合作达成 / 169

（五）餐饮终端维护 / 173

三、团购渠道运营与管理 / 175

（一）公关和团购的特征 / 175

（二）团购工作开展的流程（见图3） / 177

（三）团购工作的几个要点 / 181

（四）团购工作的8个技巧 / 182

（五）团购客户维护 / 187

四、商超渠道运营与管理 / 189

（一）分类与特点 / 189

（二）门店评估与谈判进店 / 192

（三）商超渠道维护 / 197

（四）商超促销 / 199

五、电商渠道运营与管理 / 202

（一）主流的电商渠道运营模式 / 202

（二）第三方电商平台特点 / 205

（三）电商团队组建 / 208

（四）电商平台运营策略 / 211

后　记 / 215

第一章

渠道竞争原理

记得初学游泳时，笔者在简单观看了一些教学视频后，便迫不及待地跃入水中尝试。结果遇到的问题是身体容易下沉，在水里泡了几天也学不会。后来笔者仔细研究并理解了浮力原理：身体下沉是因为深吸气的时候吸气量不够，双臂没有放入水中导致排水量不够，所以整体浮力不够。基于这样的理解，笔者在练习时有意识地调整自己的动作，最终能够轻松地浮在水面上。这件事情让笔者很受启发：在追求把一些事情做好的时候，深入理解其背后的原理是至关重要的。

原理，就像事物的骨架，支撑着表面的行为与现象，为我们的行动提供了指导和依据。当我们试图将一项技能、一项任务或一个项目执行到位时，仅仅模仿表面的动作是远远不够的，那种模仿可能只会让我们停留在"形似"的层面，而无法达到"神似"乃至超越的境界。通过深入探究原理，我们能够找到隐藏在表象之下的逻辑规律、物理法则或心理机制。这种理解如同一把钥匙，解锁了通往高效与精准的大门。

比如，在练习一项体育运动时，理解人体力学原理能帮助运动员调整姿势，减少不必要的能量消耗，提高运动表现；在烹饪美食时，掌握食材的化学反应原理，能让味道更加层次分明，色香味俱佳；在解决工作问题时，洞悉问题背后的管理理论或市场规律，能制定出更为科学合理的策略方案。

进一步而言，理解原理还能激发创新思维。当我们不再受限于表面的"怎么做"，而是明白了"为什么这样做"，就更容易跳出传统框架，探索新的可能性。这种基于深刻理解的创新，往往能带来颠覆性的改变和突破性的成果。

在本书的首章，笔者深入剖析并解读了快消品行业常用的十大原理。这些原理不仅揭示了快消品行业的内在运行规律，还体现了市场营销、品牌建设、消费者行为学等多个学科的交叉融合。它们不仅对于行业新手具有极高的指导意义，对于经验丰富的老手来说，也是不断反思、提升自我、创新实践的宝贵财富。通过深入学习和理解这些原理，从业者能够更加精准地把握市场规律，更加高效地推动业务发展，从而在快消品这片充满挑战与机遇的海洋中，乘风破浪，扬帆远航。

一、实战类营销原理

快消品行业实战过程中经常能用到的5个营销原理，一些来自快消品世界500强企业的先进营销理念，一些为业内人士总结，阅读本节内容或许能够打破传统思维局限，获得全新的视角和灵感。

（一）增量原理，销量增长的本质

有一些跨国快消品巨头一直在使用着一个销量增长公式，这个公式是：销量 = 售点数 * 单点VPO。这里的售点数，指的是区域内所有售点的数量，单点 VPO 指的是单店销量。通过这个公式，可以知道如果想让市场的销量增长，只有两种办法：一种是通过增加市场的售点数量来实现销量增长，这种方法又称为销量横向增长；另一种是通过提升每个售点的单点销量来促进销量增长，这种方法也称为销量纵向增长。这个公式的主要作用在于指导销售人员系统思考实现销量增长的有效路径。如果业绩出现问题，销售人员可以全面梳理并列出适合自己市场的，促进销量横向或纵向增长的各种策略，进而从中甄选出最优的销量增长方案。

业内还存在其他观点，一种观点认为销量 = 售点数 *SKU 数量，即销量等于售点数乘以产品品种数量。而笔者认为这个公式是不正确的，这里的 SKU 数量的增加，其实也是在提升单点销量，而单点销量的提升方法不是只有提升 SKU 数量。也就是说，单点销量提升包含了 SKU 数量提升，而 SKU 数量只是提升单点销量的一种方法，所以说这个公式是比较片面的。另一种观点则认为销量 = 售点数 * 单点销量 * 人数，这里的人数指的是产品服务人数，他们认为，市场上销售产品的人数越多，总销量就会越大。笔者曾有一段酒企工作的经历，证明这个公式是错误的。该酒企在追求业绩增长的过程中，某阶段内大规模招聘了销售人员。然而，半年后该企业销售业绩并未显著提升。原因在于，尽管人员扩充迅速，但管理未能及时跟上，管理的方式方法存在不足，半年后该企业又开始大量裁人。这个公式要想成立，必须是在管理有效的情况下。

笔者认为快消行业销量增长公式只有一个：

销量 ＝ 网点数 ✕ 单点销量

增量原理应用：

我们从市场上找销售机会的时候，如果一直没有好的思路，那么我们不妨从原点出发，根据销量＝网点数＊单点销量这个公式绘制思维导图，穷尽所有可以横向增长、纵向增长的方式方法，从中寻找销量最快的增长方式，这样思路会更清晰，更容易找到销量增长机会。

（二）渠道革命：扁平化原理

一些先进的快消品大厂有一个渠道营销理念：企业可控销量的比例通常反映了其对整体市场的掌控程度，随着市场的不断发展，要通过不断增加可控销量的比例，来增加对市场的掌控程度。所谓可控销量，就是指直接通过厂家送出去的货，而不是由经销商或者批发送出去的货。

这些快消品大厂根据市场规律，总结了渠道发展的三个阶段：第一阶段，市场开发初期，可控销量占比在20%~30%；第二阶段，市场开发中期，可控销量占比在50%~70%；第三阶段，市场最理想状态，要达到75%~85%的可控销量。这个可控销量占比不断变化的过程其实就是笔者所讲的渠道扁平化的过程。

在渠道扁平化的过程中，渠道层级变得越来越短，可控销量变得越来越多，最理想的状态是达到一种高覆盖、高效率、高可控、低成本的状态。

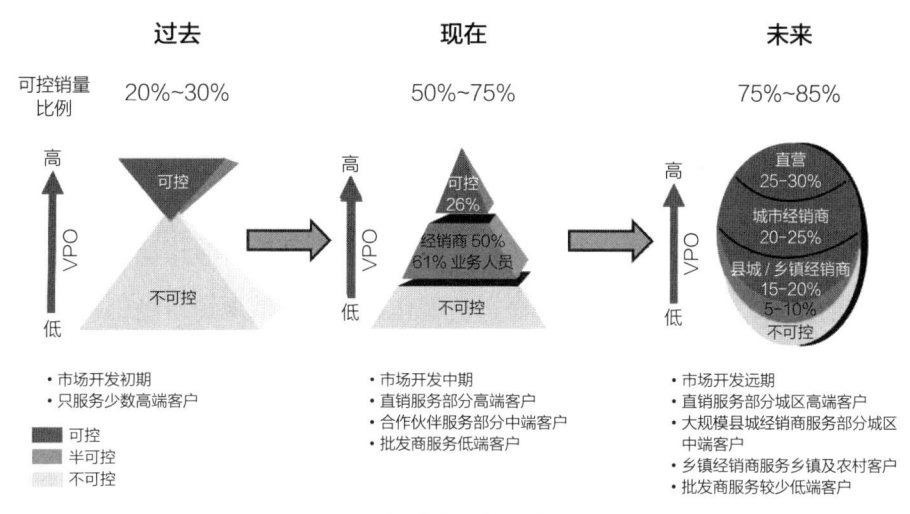

过去	现在	未来
可控销量比例 20%~30%	50%~75%	75%~85%

图中内容：

过去：
- 可控
- 不可控
- VPO 高→低
- 市场开发初期
- 只服务少数高端客户

现在：
- 可控 26%
- 经销商 50%
- 61% 业务人员
- 不可控
- VPO 高→低
- 市场开发中期
- 直销服务部分高端客户
- 合作伙伴服务部分中端客户
- 批发商服务低端客户

未来：
- 直营 25-30%
- 城市经销商 20-25%
- 县城/乡镇经销商 15-20%
- 5-10%
- 不可控
- VPO 高→低
- 市场开发远期
- 直销服务部分城区高端客户
- 大规模县城经销商服务部分城区中端客户
- 乡镇经销商服务乡镇及农村客户
- 批发商服务较少低端客户

图例：■ 可控　■ 半可控　□ 不可控

图 1　渠道发展的三个阶段

1. 渠道扁平化是快消品行业发展趋势

渠道层级过多（即长渠道）会带来多方面的负面影响。首先，它挤占了市场投入空间。每一层级都需要瓜分利润，在总价差空间有限的情况下，层级越多，链条越长，就会压缩市场投入，包括消费者培育、市场推广等关键费用，进而导致市场培育不足。其次，渠道层级多会影响渠道动力。层级一多，每一层级的利润就会变薄，使得渠道成员的动力不足，难以激发其积极性和创造力。再者，长渠道增加了管理难度。渠道链条长意味着有更多的层级处于分销转批环节，这无疑加大了管理的复杂性和难度。最后，渠道层级多还会阻隔厂家与终端和消费者的直接联系。层级多了，厂家就容易陷入渠道管理的泥潭，过于依赖渠道商家，从而削弱了对终端和消费者工作的关注与投入，甚至导致忽视这一关键环节。因此，优化渠道结构，减少不必要的层级，对于提升市场效率、增强渠道动力、降低管理难度以及加强厂家与终端和消费者的联系至关重要。正是由于长渠道存在诸多缺陷，渠道扁平化已逐渐成为企业的主流营销趋势。

2. 渠道扁平化原理应用

（1）当市场发展到一定程度，大客户模式下的经销商往往无法跟上厂家的发展，这时候可以采取渠道扁平化策略。取消地级市经销商，改为区县经销商；取消省会城市经销商，改为若干城区小区域经销商。

（2）在大本营市场把有一定销量的核心网点全部直营，例如一些量大的批发商、高校内的一些售点、一些大的体育场馆等。通过这种方式可以增加对市场的掌控程度，对市场价格稳定有很大帮助。

（三）驱动经销商的秘诀：占比原理

在快消品行业，经销商通常会代理多种品牌和多种产品，确保销量持续增长，因为仅依赖单一品牌或产品往往难以满足经销商对产品组合多样化和销量的需求。除了一些资金占用量极大的品类，如粮油行业的金龙鱼，企业都是要求经销商只经营自己品牌的产品。因为粮油品类在市场上销量很大，对经销商的资金要求很高，一个品牌的产品已经足够养活经销商。除此以外，大多数快消品经销商都是多品牌的经营策略。

在经销商多品牌、多品类、多产品的经营模式下，企业往往会思考，如何让经销商在这么多产品里主推自己的产品，如何更好地驱动经销商卖更多自己的产品。对于以经销商为主导模式的企业来说，经销商是否主推自己的产品影响是很大的。经过长期的思考与实践，企业发现一个规律，经销商是否主推自己公司的产品，通常与该产品在经销商总销量中所占的比重相关。销量占比越大，经销商越会主推自己的产品。于是，占比原理应运而生。

占比计算方法是，占比 = 我品销量 / 经销商总销量。计算的时候可以用我品年销售额除以经销商所有产品年销售额，占比越大经销商越会重视我品，一般来讲，我品生意占经销商总生意 30% 以上的时候，往往能更好地驱动经销商。

这里给出模型：

占比 ＝ 我品销售额 ÷ 经销商总销售额

能达到 30% 以上最好

占比原理应用：

（1）逐步扩大我司产品在经销商库房中的占比，让经销商越来越愿意与我品合作，销售我品产品。常用做法有：①帮助经销商开发售点，给经销商建立信心，同时也是培训经销商；②合理压货，注意是合理压货，而不是为了生意占比过度压货，过度压货会引发很多负面效果；③说服经销商调整产品结构，砍掉一些不赚钱的品牌或品类。

（2）在招商的时候，往往可以预计我品在经销商总生意中的占比，应优先选择那些我司产品销售额占其总营业额 30% 及以上的经销商。

（四）拉力与推力，营与销

拉力与推力原理把所有的营销动作分成了两种基本动作，即推力与拉力。所有与"营"有关的动作，如广告、产品设计、消费者促销等一类动作称为"拉力";所有与"销"有关的动作,如终端促销、产品铺市、人员销售等动作称为"推力"。推力的核心是渠道和终端的利润,其目标是让渠道和终端更愿意"卖",而拉力的核心是产品和品牌,其目标是使消费者更愿意"买"。不同企业在应用推与拉战略时各有侧重,实际上,这两种策略在企业营销战略中相辅相成,缺一不可,最理想的状况是实现推与拉的有效结合与平衡。

1. 推力与拉力对不同的产品产生的效果不同

有些产品更依赖推力,而另一些则侧重于拉力,主要依据是产品的属性。例如我们在商店经常见到的一些低价值的产品,如食品、饮料、方便面、啤酒,其营销方式更多是做终端促销、做产品陈列、做好终端服务等推的动作,通过做好推力动作就能产生销售。因为产品的价格较低,消费者进店购买的随机性很大,企业只要保证自己的产品能够占领整个货架、占领更多的销售网点、让消费者能够随时随地买到,即可达到很好的营销效果。而这种推力策略放在一些几百元一瓶的高端白酒上也许行不通。一些高端白酒即使通过推力,使产品进入了售点,做了陈列,也有可能会遇到产品不动销的问题,还会造成陈列资源的浪费。所以我们看到企业在做高端白酒的营销活动时,他们往往更偏向于拉力,如回厂游活动、品鉴会活动、投入品牌广告等。

2. 推力与拉力在不同的生命周期阶段产生的效果不同

在产品生命周期的导入阶段,由于消费者对新产品尚不熟悉且存在不信任感,仅凭推力策略大量铺货往往难以取得理想效果。此时,增强广告拉力显得尤为重要,通过有效传播提升产品认知度和吸引消费者尝试,对于促进产品成功入市具有关键作用。随着市场逐渐成熟,确保消费者能便捷购买产品成为决定市场成败的关键。此时,推力策略扮演起重要角色,而拉力的重点在于强化消费者已有的产品认知。进入产品成熟期,推力与拉力需更趋平衡,竞争焦点由产品转向品牌,企业需加大拉力投入,如品牌宣传活动,以强化品牌形象。同时,通过人员促销和活动策划,积极争取市场份额。一旦产品步入衰退期,推力成为驱动销售的主导力量,这个阶段企业的重点在于激励经销商,通过展示未来新品规划,激发其销售动力,延续产品线的生命周期。

3. 推力与拉力原理应用

(1) 在产品上市初期,能预判到的问题有经销商招商难、产品动销难,这时候,可以采用拉力提前预热造势的策略,在需要进攻的市场上推广户外广告,拉动一定需求。等产品上市时,招商工作会相对简单一些,产品也不至于摆在货架上不动销。

(2) 在不同时期,合理地设置渠道促销费用和消费者促销费用的占比。例如,在产品成长期,可以将更多预算分配给渠道费用,与消费者促销费用相比,比例可设为 7:3。当产品步入成熟期,则应调整策略,将更多的资源投入消费者促销活动中,此时渠道费用与消费者促销费用的比例可调整为 3:7。

(五)促销的黄金法则

促销是一种市场营销策略,是通过一系列的活动或手段来刺激消费者的购买欲望,提升品牌知名度或市场份额。简言之,促销就是卖方以各种方式向买方传递产品信息，激发其购买欲望，并促使其实现购买行为的活动。这些活动可能包括但不限于打折、赠品、优惠券、限时特惠、积分回馈、会员专享优惠、免费试用、满减、抽奖以及广告宣传等。

1. 消费者促销和渠道促销的区别

在快消品行业中，促销又分为渠道促销和消费者促销，两者有所不同。消费者促销是直接针对最终消费者进行的促销活动，其目的是吸引消费者购买产品，提高产品的销售量和市场份额，促进"买"，强化拉力。而渠道促销是针对批发商、终端售点等商家进行的促销活动。其目的是激励渠道商加大对产品的投入，提高产品销售的渠道流通效率，是促进"卖"，强化推力。

2. 促销的关键点

（1）促销力度。促销力度是规划中的关键要素，它决定了促销活动的刺激程度和效果。力度的大小应根据产品特点、市场状况、竞争对手的促销策略以及企业的营销目标来综合确定。一般来说，力度过大会增加企业的营销成本，力度过小则可能无法达到预期的销售效果。

（2）吸引力。促销活动的吸引力是吸引消费者参与的重要因素。创新促销方式、提供独特的促销礼品或优惠、打造独特的促销主题等方式，可以增加促销活动的吸引力。吸引力强的促销活动能够激发消费者的购买欲望，提高销售转化率。

（3）促销时间的把控。促销活动通常具有阶段性特点，即在不同的时间段内采取不同的促销策略。企业需要根据市场变化、消费者需求以及产品生命周期等因素，制定阶段性的促销规划，以应对市场变化，提高促销活动的针对性和实效性。

3. 促销的负面效果

（1）伤害价格体系。频繁地开展促销活动可能会使消费者对产品价格变得更加敏感。当促销活动结束，价格恢复到正常水平时，消费者可能会因感知到价格上升而产生不满情绪，甚至可能转而选择价格更为优惠的其他品牌产品。此外，长期且过于频繁的促销还可能扰乱产品的价格体系，造成市场价格混乱，进而压缩企业的利润空间。

（2）形成促销依赖。短期内的促销活动确实可能有助于销售，但长期依赖促销来推动销售则可能使消费者形成"无促销不购买"的习惯。这会导致企业在没有促销活动时难以维持正常的销售量，陷入促销的恶性循环。

（3）损害品牌形象。过度依赖促销可能会让消费者认为企业缺乏创新和产品竞争力，从而损害品牌形象和消费者忠诚度。

（4）增加营销成本。促销活动通常需要投入大量的资金和资源，包括广告宣传、促销礼品、折扣成本等。长期频繁的促销活动会增加企业的营销成本，影响企业的盈利能力。

4. 促销原理应用

企业可以通过提供折扣、赠品等优惠措施，吸引消费者的注意力，激发他们对产品或服务的兴趣。在短期内刺激消费者的购买欲望，提升销售量，从而增加企业的收入，还能通过持续推出有吸引力的促销内容，增强消费者对品牌的认知度和好感度，进而提升品牌形象和市场价值。

此外，通过会员福利、积分回馈等长期促销策略，企业还能培养消费者的忠诚度，使他们更愿意成为回头客，并主动向他人推荐，从而为企业带来持久的竞争优势。

二、市场发展的内在运行规律

在日常生活和工作中，我们经常会遇到各种看似独立、杂乱无章的市场现象。这些现象可能是市场趋势的变化、消费者行为的波动、团队内部的矛盾，或是项目执行中的障碍。如果仅仅停留在对这些现象的直接反应或浅层次分析上，我们很可能会被表面的迷惑所误导，做出错误的判断或决策。当我们学会"透过现象看本质"时，就会意识到每一个现象背后都有其深层的动因和逻辑。本小节的 5 个市场运行内在规律，或许能让我们能够逐渐揭开现象的面纱，发现那些决定市场发展走向的关键因素或核心机制。

（一）产品的轮回：生命周期原理

人要经历生、老、病、死，一年经历春、夏、秋、冬，每个产品也有自己的轮回。产品一般会经历导入期、成长期、成熟期、衰退期四个阶段，我们把这称为产品的生命周期。

1. 各个时期产品特点

（1）导入期。产品销量与产量均处于较低水平，由于产品知名度有

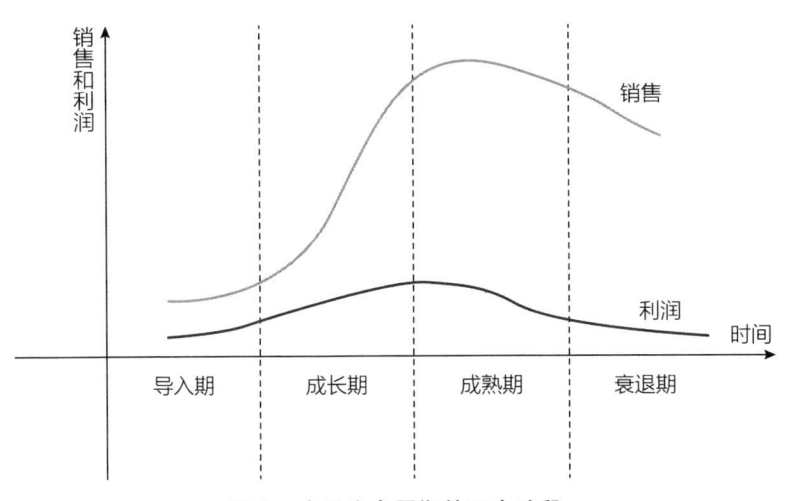

图2 产品生命周期的四个阶段

限,多数消费者倾向于维持原有的消费习惯,不愿轻易尝试新产品,从而进一步抑制了销售的增长。此外,这一阶段的生产规模有限,导致单位产品的制造成本高昂。为了开拓市场、建立营销渠道进行宣传推广,企业需要投入大量资金,这使得整体成本攀升,利润空间压缩,甚至出现经营亏损的情况。因此,很多新产品在此阶段难以为继,面临较高的失败风险。但这一时期也有一个相对有利的方面,即竞争者较少,市场竞争尚不激烈,为产品提供了潜在的增长机会和市场空间。

(2)成长期。消费者对新产品日趋熟悉并建立信任,促使销量急剧上升。伴随生产规模的扩张,企业实现了大规模生产,降低了单位成本。产品市场认可度的提升使得促销支出相对下降,加之销量的持续增长,共同驱动企业利润快速增加。这一阶段的成功不可避免地吸引了众多竞争者,市场竞争随之加剧。观察到该产品的热销及潜在的高利润,竞争者纷纷跟进,大量投产类似产品,意图在市场中分一杯羹。

(3)成熟期。随着产品的广泛接纳,消费者群体迅速扩大,市场需求逐步迈向饱和。产品已进入普及阶段，生产趋于标准化，不仅降低了成本，还维持了高产量水平。然而，销售增速开始呈现放缓迹象，预示着未来的下降趋势。在此期间，市场竞争变得异常激烈，同类产品的生产商为了在激烈的市场环境中突出重围，不得不在产品品质、样式多样性、规格丰富性、包装设计以及客户服务等多个维度上加大投入力度。这些策略虽然增强了产品的市场竞争力，但也相应地抬升了企业的运营成本。

（4）衰退期。随着科技进步和消费趋势的变迁，产品步入了淘汰阶段。其市场表现日显疲态，销售量和利润空间持续萎缩，产品已难以契合当前市场需求，显得陈旧过时。市场上出现一些性能更优、价格更亲民的新品，充分满足了消费者的期待。在此背景下，成本较高的企业因无法维持盈利而选择停产。这标志着该产品生命周期的终结，最终完全退出市场舞台。

2. 生命周期原理应用

针对产品在不同生命周期阶段的特点，企业可以灵活调整和采取相应的策略以有效应对。

表 1　不同生命周期的应对策略

时期	应对策略
导入期	①高价快速策略：以高价位配合大规模宣传快速推新品入市，旨在抢占先机、提前回本盈利。 ②选择渗透策略：选择部分核心客户，采取高价低促销，保证产品利润，旨在快速回收投资并控制销售成本。 ③缓慢渗透策略：在新产品进入市场时采取低价格，同时不举办大的促销活动，让产品自由生长。 ④低价快速策略：在采用低价格的同时加大促销力度，快速占领市场份额

续表

时期	应对策略
成长期	①改善产品品质策略：增加新功能，尝试新款式，发展新型号，开发新用途。 ②寻找新的细分市场策略：寻找新的尚未满足的细分市场。 ③改变广告宣传重点：将重心从产品介绍转到建立产品形象上。 ④适时降价策略：激发对价格比较敏感的消费者购买
成熟期	①市场调整策略：通过开拓新市场来维持并扩大商品市场份额。这包括发掘未开发市场，如将非用户转化为用户；通过宣传提高现有用户的使用频率和量；细分市场，如按地理、人口或用途划分，以渗透新市场；争取竞争对手的顾客。 ②产品调整策略：这种策略是通过产品自身的调整来满足顾客的不同需要，吸引有不同需求的顾客。 ③市场营销组合调整：通过对产品、定价、渠道、促销四个市场营销组合因素加以综合调整，刺激销售量的回升，常用的方法包括降价、提高促销水平、扩展分销渠道和提高服务质等
衰退期	①继续策略：继续沿用过去的策略，仍按照原来的细分市场，使用相同的分销渠道、定价及促销方式，直到这种产品完全退出市场。 ②集中策略：把企业能力和资源集中在最有利的细分市场和分销渠道上，从中获取利润。 ③抛弃无希望的顾客群体，大幅度降低促销水平，尽量减少促销费用，增加当前的利润。 ④对于衰退比较迅速的产品，应当机立断，放弃经营。可以采取完全放弃的方式，也可采取逐步放弃的方式

（二）三力原理，企业竞争密钥

三力原理阐述的是企业的竞争力由三大核心要素共同构成，这三个要素是：产品力、渠道力与品牌力。此原理主要是对企业的竞争力进行简单分析。相比波特五力，三力原理分析得并不全面，但其优势在于，在不涉及企业的传播力、管理力的分析中，用三力原理分析企业竞争力是相对简单实用的。

1. 三力概念

产品力即产品吸引力，它是指产品对目标人群的吸引能力。这种吸引力主要来源产品品质、价格、创新、品牌等多个方面，是产品满足消费者欲望和需求，使之产生购买欲的能力。产品力是一种相对优势，具体表现为本品相较于竞品所展现出的吸引力。例如，同样是饮料，对于有些消费者来说，无糖的比有糖的吸引力更强，那么可以说无糖的产品比有糖的更有产品力。

渠道力是企业利用不同渠道进行市场推广，实现销售转化的能力。渠道力由多种因素构成，例如终端网点数量，对于有些低价值产品来说，终端网点越多越好。那么可以认为终端网点多的企业就比终端网点少的企业渠道力强；再如终端网点的陈列，陈列做得更好的企业渠道力强；还有终端网点对产品的推荐程度，企业的产品被推荐程度高的渠道力更强。

品牌力是品牌知名度、美誉度与诚信度的综合体现，影响着消费者的购买决策。品牌力由商品的质量、文化内涵、品牌传播以及品牌延伸四大要素共同作用于消费者心智中。要使品牌在众多竞争者中脱颖而出，需要综合运用品牌定位、品牌故事、产品创新、品牌识别度等一些策略培养消费者的品牌忠诚度，使这些策略相互关联、相互促进，才能让品牌在消费者心中逐渐形成。

2. 三力之间的关系

产品力、品牌力、渠道力三者共同构成了企业竞争力，但这三种力中最重要的力是产品力。如果没有产品力，品牌不会形成，品牌是在企业长期竞争过程中，通过持续保持优势而逐步塑造和确立的，没有产品力就没有品牌；同时，产品力和品牌力对渠道力也能产生拉动作用；产品力和渠道力也能让品牌力一点一点建立起优势。所以说这三种力是在以产品力为基础的情况下，相互驱动的。

3. 三力原理应用

（1）一些小型企业在和一些大企业竞争的时候，如果品牌力、渠道力都不如一些大企业，不妨从产品力下手，也能逐步建立起优势。例如元气森林在开始与可口可乐、百事可乐竞争的时候，其品牌力，渠道力都不如对方，但它通过主推无糖饮料，从原料上采用赤藓糖醇，增强了产品力，逐步建立起自己的市场地位。

（2）刚起步的企业，应该以做产品力、做性价比，才能与一些大企业竞争，如果绕过产品力，直接去做品牌，那品牌相当于空中楼阁，最后也形不成品牌。做性价比一点一点积累消费者忠诚度才是王道。

（三）市场活力的根本：供需原理

很多人都有这样的经历：当听说第二天油价要涨，于是匆忙开车去把油加满；当听说超市鸡蛋搞特价，纷纷排队去抢购；当口罩被大家纷纷抢购的时候，发现口罩突然涨价了……这些现象其实都和供应与需求原理有关。

商品的价格受供给和需求两个方面共同影响。当商品的供给增加时，市场上的供应量超过需求量，导致竞争加剧，价格就会下降；反之，供给减少则使供应量不足以满足需求，从而推高价格。同样，需求的变化也起着关键作用：需求增加时，需求量超越供应量，引发竞争并推升价格；而需求减少则无法充分消化供应量，导致价格下降。因此，供给与需求的动态平衡是决定市场价格波动的核心因素。

供应和需求及供应调剂是快消品营销的重要手段。供需的平衡是理想状态，一般情况下，供需不可能完全平衡。供与需是围绕需求在一定范围内波动，从长期来看，供需是匹配的。供需的不平衡既可能是营销的问题，也可能作为营销的手段。供需平衡直接影响企业的销量、价格，当需求大于供应时，可能导致库存短缺，市场价格提升；而当供应大于需求时，则会造成库存积压，增加库存成本，价格下滑。

供应和需求原理应用

（1）当产品市场价格下滑时，经销商和渠道商利润受损，对此产品产生消极态度，失去信心，企业可采取减少供货措施，以提振产品价格。

（2）在产品销售旺季快要到来的时候，开始控货，制造稀缺感，博取市场关注度，让市场提价，等旺季到来的时候开始放量。

（3）当渠道商和终端售点过分追求单个产品的利润，导致市场售价被抬高，以致价格超出了厂家的预期范围或引发消费者购买意愿的下降（即购买量减少），在此情形下，可以增加产品供应量的措施，以遏制价格的进一步上涨。

（4）当产品具备刚性需求特性时，通过减少供应量（即实施控货策略），可以促使渠道商和终端销售点提高售价，进而推动该产品整体价格水平的提升。

（四）营销命脉：价格与利润

在笔者服务的众多企业中，价格与利润问题普遍存在，且常成为热议焦点。企业常因产品乱价而苦恼，却又难以迅速找到解决之道。可以这么说，从业十余年，在产品价格和利润上不出问题的企业，笔者还没有见过。

1. 价格是营销的生命线

价格是营销活动的核心要素，其内涵丰富，包括价位、价格体系与价差以及价格波动。价位（以零售价为标杆）不仅界定了目标消费群和消费容量，还直接关乎产品的竞争力及市场态势，价位主要影响的是"买"。而价格体系（上下游各级价格的构成）与价差（各级价格间的差值），共同构成了渠道商利润的主要来源，深刻影响着"卖给谁"和"怎么卖"。价格波动则是一个动态因素，它显著影响消费者的购买决策、渠道商的预期与认知，进而影响渠道管理，最终对营销全过程及结果产生深远影响，同时牵动着"买"与"卖"两方面。因此，价格被视为买卖活动的灵魂，是营销的生命线。在实际操作中，价格的有效运行涉及定价策略的制定、适时调价以应对市场变化以及严格的价格管理，确保价格策略的有效实施。

2. 利润是渠道的生命线

利润是驱动产品从上游流向下游的动力源泉，它激励着渠道商"愿意进货、愿意销售、愿意积极推广"，从而实现销售目标的达成。对于厂家而言，保障并增进渠道商的利润是营销工作的核心所在。而利润与价格紧密相连，价格的合理设定直接关系到利润。渠道商虽然追求"利润最大化"，但在市场竞争与实际操作中，往往需要通过精细管理达到"利润合理化"，以实现长期稳定的盈利。

3. 价格与利润原理应用

（1）当产品逐渐走向成熟，随着渠道终端的竞争加剧，产品的渠道利润会变得越来越低，渠道商销售此产品的意愿也会越来越低，这时候可以通过政策调整或者引入现代化数字系统，控盘分利，保证每一级渠道的利润，从而提高各渠道层级商家的销售动力。

（2）在企业开始打造大单品的时候，其中有一个管理要点就是要控制好这个产品的价格体系，只有产品的价格体系稳定，产品的生命线才会足够长，才有可能成长为大单品。

（五）要素联动的基本模式：辐射与带动

笔者曾经在拜访地级市客户的时候，发现很多地级市的客户一直在关注着省会城市的一举一动。比如，他们会问笔者，省会城市都在卖什么产品，价格如何，或者省会城市发生的一些新闻等。还有一些地级市的客户，一直和省会城市的客户保持着长期联系，有时候还会从省会城市客户那里提一些货，他们告诉笔者，他们和省会城市客户合作了十几年了。这种地级市关注省会城市的现象，其实就是辐射与带动作用的体现。

1. 城市的辐射与带动作用

城市是人口密集、工商业发达的地方，通常是区域政治、经济、文化的中心，为周围地区提供产品和各种服务。城市辐射与带动作用是指城市通过其经济、文化、人才、思想观念等资源和优势，对周边地区产生吸引和带动作用。城市的这种带动作用在快消品行业中也有体现，主要体现在品牌传播和产品带动上。例如，一线城市或省会城市，通常具有更为前沿的消费观念和更高的消费水平，这些城市的消费者对新兴产品、时尚潮流和品质生活有着更高的追求，随着信息的流通和人员的流动，这些消费观念会逐渐向低级别城市市场渗透，影响并改变当地消费者的购买行为和偏好。通常情况下，城市等级越高，辐射力越强。城市规模越大，交通运输网络越密，联通效率越高，联系强度越大，辐射范围越大，其在区域城市体系中地位越高。辐射与带动，是一种现象，如果善加利用，可以成为市场推进的捷径，从而更好地把控市场节奏。

辐射与带动原理如图3所示。

图3 辐射与带动原理

2. 辐射与带动原理的应用

（1）通过城市的辐射与带动原理可知，省会城市是一个省的势能高地。如果想要把产品实现"全省化"，那么攻下这个省的省会城市，能让"全省化"事半功倍。

（2）在企业从全省化向板块化、泛全国化拓展的过程中，也可以运用高级别城市对低级别城市的辐射和带动作用，根据地理位置，优先集中资源和力量，重点突破并占领高级别城市市场，以增加企业板块化势能。

第二章

渠道竞争基础

在快消品行业中，数据分析是制定有效竞争策略的基础。无论是寻找市场增长机会、规划新品上市，还是制定整体战略方案等众多商业决策与运营场景，数据分析都发挥着至关重要的作用。缺乏全面、系统的数据分析，就无法制定出有效的市场策略。

例如，在寻找市场增长机会时，数据分析能够帮助企业识别消费者需求的变化、市场趋势以及竞争对手的动态变化，从而为企业指明发展方向，确保资源投入的有效。通过对历史销售数据、市场调研报告、社交媒体反馈等多源信息的综合分析，企业能够挖掘出隐藏的增长点，制订出针对性强、执行效率高的市场拓展计划。

对于新品上市而言，数据分析更是至关重要。在产品概念构思阶段，通过市场调研数据分析，企业可以了解目标客群的偏好、期望价格区间及潜在购买意愿，为产品设计提供科学依据。在推广策略制定上，利用大数据分析用户行为模式、渠道效果评估等，可以精准定位营销信息，优化广告投放，确保新品能够迅速占领市场。

在制定整体战略方案时，数据分析则提供了全面的视角和坚实的依据。通过对宏观经济环境、行业动态、内部运营状况等多维度数据的综合分析，企业能够清楚把握自身在市场中的位置，识别优势与劣势，明确核心竞争力所在。这样的战略决策过程更科学、更理性，能够有效降低决策风险，提升企业的长期竞争力。

数据分析的应用范围广泛，远远超出了上文所提及的三个具体应用场景。

总之，如果缺乏全面、系统的数据分析，企业就如同在迷雾中航行，难以准确判断市场形势，制定出的策略往往基于主观臆断或经验主义，难以有效应对快速变化的市场环境。因此，对于快消品行业的从业人员而言，无论是身处一线的销售人员，还是在办公室内负责项目管理的人员，掌握系统的数据分析方法至关重要。

本章内容的三小节内容将分别介绍市场评估、销售数据分析及市场调研，第一小节内容提出了市场分析的八个维度，涵盖当地市场特征、零售点、客户价值驱动等，旨在帮助快消行业从业者系统分析市场，精准识别市场增长机遇。第二小节内容介绍了销售数据分析的五个模型，强调数据来源、基础数据分析、分渠道、分品类及分区域分析，旨在提升数据分析的专业性，为市场决策提供数据支持。第三小节内容侧重于市场调研的分析维度与内容，包括市场格局、主要竞品、本品表现、消费者习惯等，通过定性与定量分析，为市场策略制定提供详尽依据。三小节的内容共同为市场营销提供了全面而深入的分析工具与方法。

一、市场诊断分析模型

相信很多人都听说过市场营销 4P 概念，也都知道它是一个很厉害的工具，它内容全面，很多理论都离不开它的框架。而今天笔者想讲的是关于区域市场分析也有一个全面系统的分析工具：区域市场诊断 8 维度。

在快消品行业工作的人都知道，无论你是业务员还是城市经理，或者区域经理，都有一个绕不开的话题：业绩提升。想要业绩提升首先要会系统地分析市场，但很多初入快消职场的新人，甚至是很多快消品行业老手，都有可能不会系统分析自己的区域。笔者从业 15 年，见过比较多这样的人。原因可能是公司缺乏系统专业的培训导致，还有就是市面上没有此类学习书籍导致。所以希望本文能助力读者拥有系统性分析市场的思维，全面剖析市场，从而更容易找到市场中的增量机会。

（一）诊断分析的 8 个维度

全面的市场分析应该包括 8 个维度：当地市场特征，零售点，客户价值驱动，渠道与服务政策，从订单到回款流程，组织完善程度，时间研究，区域市场销售数据分析。

1. 当地市场特征分析

主要分析当地一些基础数据和当地特征，基础数据包括当地人口、行政区划、经济水平等。当地人口数量代表了当地市场的潜力，经济水平则代表当地消费的产品价位段。当地特征包括当地口感偏好、民族特征、温度气候等。我国地域辽阔，各区域消费者的口感是有差异的，有些区域喜欢重口味，有些区域则喜欢清淡口味；还有一些区域由多民族构成，他们的消费习惯也不相同；而温度对有些产品也有明显的影响，比如酒类、饮料类、雪糕等。这些分析能帮助区域销售人员对该区域建立基础性的认识。

2. 零售点调查分析

主要分析渠道结构、主销品牌、主销产品、设备或物料使用等，数据来源零售店走访调研。

例1，某企业某区域售点分布调查。

本次调查集宁区售点 3,890 家，餐饮占比 47%、传统渠道 36%；其中正常调查 2,891 家，传统渠道占比 42%，餐饮 42%；渗透率整体 18%，网吧 60%、传统 33%、餐饮 4%，商超、网吧、传统、餐饮渠道开发空间巨大。

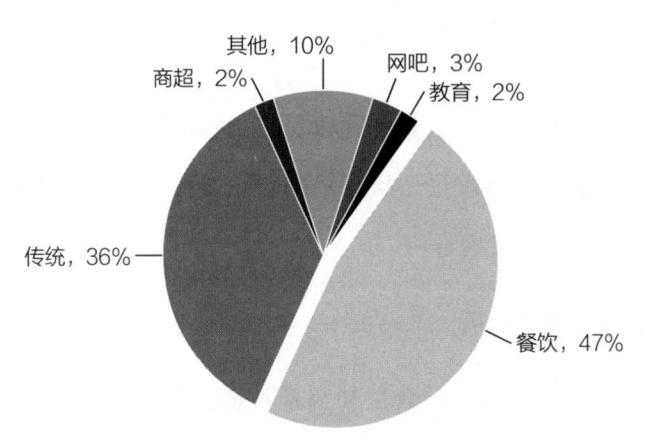

图1 区域售点分布调查

例2，品牌分销分析。

我司铺货率 45%，高于康师傅的 43%；传统渠道、商超我司微赢百事、康师傅；教育与百事、康师傅持平，网吧落后于百事，更落后于康

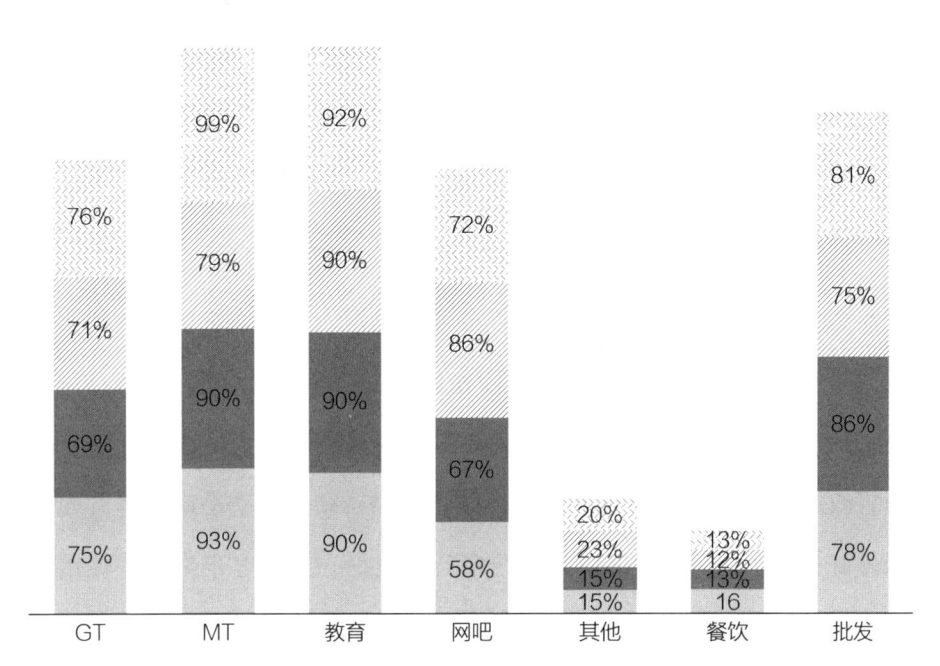

师傅；重点提升渠道在于网吧和教育。

图 2 品牌分销分析

例 3，主销产品分析。

区域主销产品分析：600ml 康师傅红茶铺货 38%，位居榜首；500ml 雪碧铺货 37%，居第二；2L 可乐、雪碧铺货分别为 20%、25%；1L 汇源果汁铺货 21%、450ml 营养快线铺货 22%；美汁源铺货 17%；传统渠道 600ml 康师傅红茶、500ml 雪碧、600ml 康师傅绿茶位居前三；450ml 美汁源铺货 29%，位居第 20 位；我司 500ml 雪碧、可口、2L 雪碧、可口及拉罐雪碧、可口和 450ml 美汁源在铺货前 20SKU。商超渠道 600ml 百岁山、500ml 雪碧、500ml 可口位居前三；450ml 美汁源铺货 62%；我司优于百事……

另外有很多企业拥有设备,如很多饮料、啤酒企业拥有冰柜,也要分析设备使用情况,这代表了该区域销售人员设备管理水平,在饮料行业,冰柜占有率和销售额有直接关系。

3. 客户价值驱动分析

主要从几个关键要素与市场主要竞品做对比分析,这几个要素包括:产品送货、销售代表服务、设备投放及维护等。产品送货很好理解,就是说送货是否及时,送货人员态度如何,过期临期品有没有及时更换,送来的产品是否包装完好;销售代表服务则是指销售人员是否及时告知销售政策、返利兑付服务、定期拜访、临期品登记、动手理货等方面是否做好;生意发展与价值则是指分享行业数据、帮助客户生意、促销活动助销等;设备投放及维护则指设备投放是否及时,设备维修及收回是否及时。

例4:某企业价值驱动分析结果

通过对终端店走访调研,统计得出以下数据。

表1 终端店调研表

重要性 & 满意度	重要性	我司满意度	竞品满意度
产品送货	79%	93%	79%
生意发展与价值	75%	57%	60%
销售代表的服务	28%	98%	74%
设备投放及维护	11%	71%	53%
生动化	7%	89%	56%

下图为满意度与重要性分析:

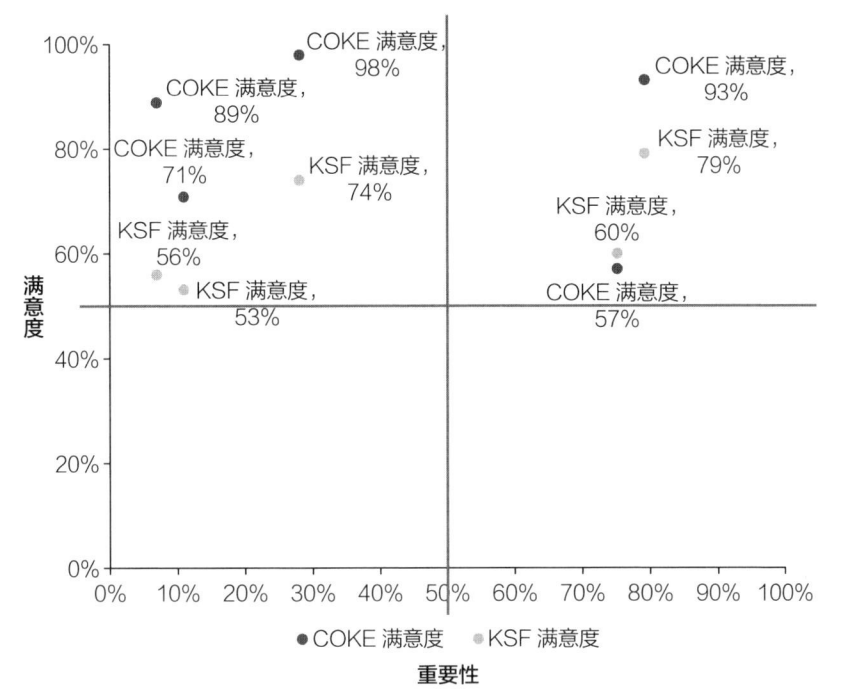

图 3　满意度与重要性分析

例 5：根据分析结果，可以对团队服务提出改善措施，改善策略，如下图 4。

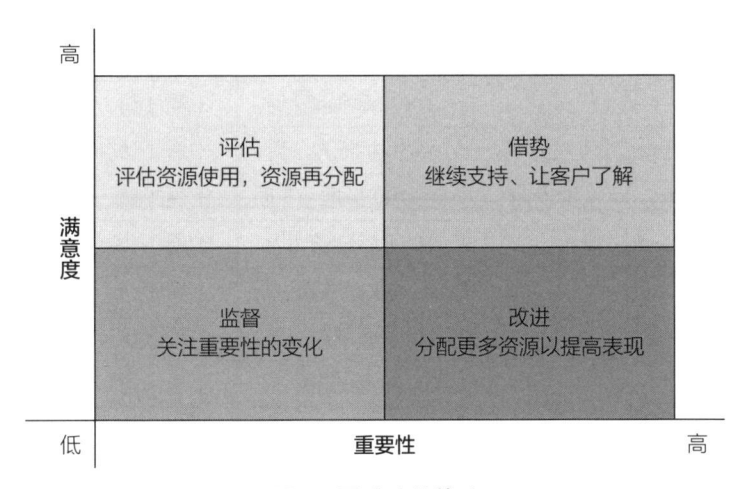

图 4　团队改善策略

	重要性低	重要性高
满意度高	评估 评估资源使用，资源再分配	借势 继续支持、让客户了解
满意度低	监督 关注重要性的变化	改进 分配更多资源以提高表现

对于满意度高，重要性高的点，采取继续给予支持，让客户了解，对于重要性高，满意度低的点，采取改进，分配更多的资源以提升业绩。

4. 渠道与服务政策分析

（1）分析经销商各渠道价格体系设置是否存在问题

（2）分析该区域的客户构成及销量占比。从客户数量也能判断该市场成熟情况，扁平化程度，销量占比也反映了该区域的主销渠道。

例6：下表为某企业分析终端售点服务情况及销售情况

表2　某企业终端售点服务及销售情况

线路类型	客户细分	销售段	服务频率	服务时间（分钟）
区域分销路线	所有客户	1~5 标准箱/周	2周1访	5
		5~20 标准箱/周	1周1访	7~10
		20~30 标准箱/周	1周2访	10~14
直营渠道路线	直营客户	5~15 标准箱/周	1周1访	7
		15~30 标准箱/周	1周1访	10
		30~50 标准箱/周	1周1访	12~14
		50~100 标准箱/周	1周2访	14~16
		100+ 标准箱/周	1周2访	16
批发路线	批发商	5~50 标准箱/周	1周1访	10~15
		50~100 标准箱/周	1周1访	17
		101+ 标准箱/周	1周1访	20
KA路线	KA	50~100 标准箱/周	1周1访	10~40
		100+ 标准箱/周	1周2访	10~40
	MT	10~50 标准箱/周	1周1访	10~40
		50+ 标准箱/周	1周2访	10~40

拜访频率与市场表现及终端销量有直接关系，可以根据产品属性和产品销量设定拜访频次，根据此分析表可以看出服务是否达标。

①拜访周期：最长不超过 2 周 1 次拜访。

②服务客户选择标准：下线客户月销量 5 箱以上；直销客户月销量 20 箱以上，直销新开客户达到配送起运量 10 箱 / 次。

③服务时间设定标准：不同渠道的客户，通过销量段与进货频率，设定平均服务时间。其中协议客户、冰柜客户在此基础上，最高增加 2~3 分钟。

5. 从订单到回款的流程

主要查看从下单到回款，还有送货的流程，是否因为太过烦琐影响销售。笔者曾经指导过一家企业，原来卖场由经销商服务，后来厂家把卖场转为直营，厂家直接对接卖场，结果经常缺货，原因就是厂家从下单到送货的流程过于烦琐。

例 7：某企业从下单到付款流程（见图 5）

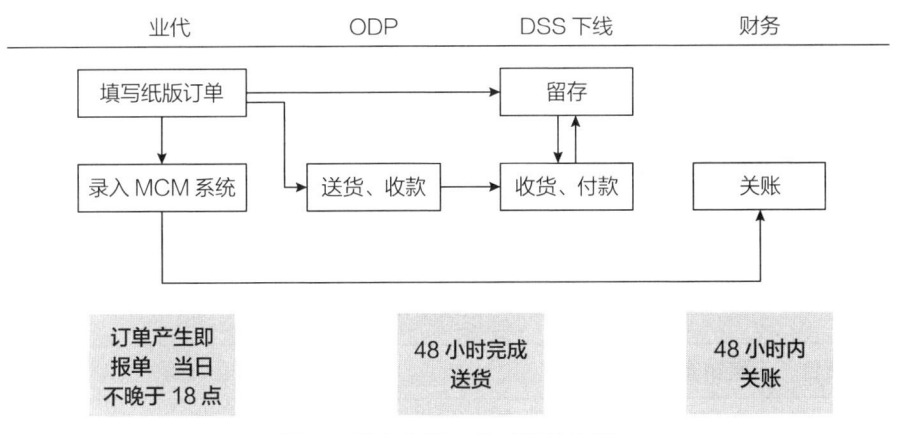

```
业代              ODP           DSS下线         财务
┌─────────┐              ┌──────┐
│填写纸版订单│─────────────→│ 留存 │
└─────────┘              └──────┘
     │                       ↑
     ↓                       │
┌─────────┐   ┌────────┐  ┌────────┐   ┌──────┐
│录入MCM系统│→│送货、收款│→│收货、付款│   │ 关账 │
└─────────┘   └────────┘  └────────┘   └──────┘
                                            ↑
                                            │
  订单产生即            48小时完成         48小时内
  报单  当日              送货              关账
  不晚于18点
```

图 5　某企业从下单到付款流程

6. 组织完善程度

这方面主要看组织人员是否齐全以及团队的水平。人员齐全是从售点数量的角度去分析，按照区域售点总数去配置人数，饮料啤酒一般是每 150 到 250 个售点配置一名业务人员，高端白酒一般是 50 到 100 个售点配置一名业务人员，业务人员不足就会造成终端服务不到位而降低销量。另外，要分析团队的整体学历、平均年龄、平均司龄情况。平均司龄低说明团队不稳定，平均年龄大、司龄高有可能造成团队老化。

7. 时间研究

这方面主要就是研究团队的有效工作时间，工作效率。笔者亲身经历过这样的事情：某企业销售代表先去公司开晨会，晨会开了 30 分钟，开完会很多业务人员就出门吃早餐，吃完早餐抽个烟又是 30 分钟，然后走去公交车站，坐车去自己的片区，足足用了一个半小时，等到了自己片区，跑不了几个点又到了该吃午饭的时间，工作效率比较低。如果整个团队都是这种工作状态，对销售影响是很大的。

时间研究的方法主要就是通过跟线，记录销售人员工作时间，然后对整个团队的工作效率进行分析。

记录动作细则如下表 3：

表 3 　记录动作细则

项目	经销商 / 售点	动作细则
进店时间	经销商	盘点、盘库、提交订单，业务发展，业务杂项

续表

项目	经销商/售点	动作细则
进店时间	售点内	门头拍照，陈列拍照，系统录入，冰柜扫码，查库存，带货行走，店内外生动化，非业务杂项，建议订单，接打电话，解决客户疑问，无货行走，巡店（协议执行情况），业务发展（新品推广、市场投入），业务杂项（售点内），与客户打招呼，整理冰柜，整理货架
售点外	干线时间	系统下订单，干线非业务杂项，干线业务杂项，公司-售点在途，售点/经销商-公司在途，售点-售点在途，午饭时间
	下午办公室	DSD订单，非业务杂项，文档，问题反馈，小组会，业务杂项，整理、统计订单
	早上办公室	拜访准备（生动化用品等），，财务/结算/交款/整理发票，晨会，电脑、文档，非业务杂项，小组会，业务杂项

随机跟线几名业务，记录其全天工作动作，即可得出团队平均工作效率。

例8：销售代表一天的时间分析（见图6）

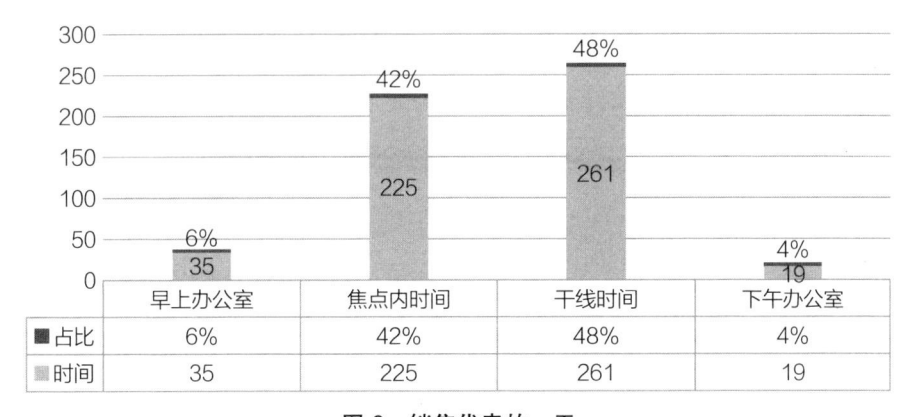

	早上办公室	焦点内时间	干线时间	下午办公室
占比	6%	42%	48%	4%
时间	35	225	261	19

图6 销售代表的一天

例9：业代售点内时间分析图（见图7）

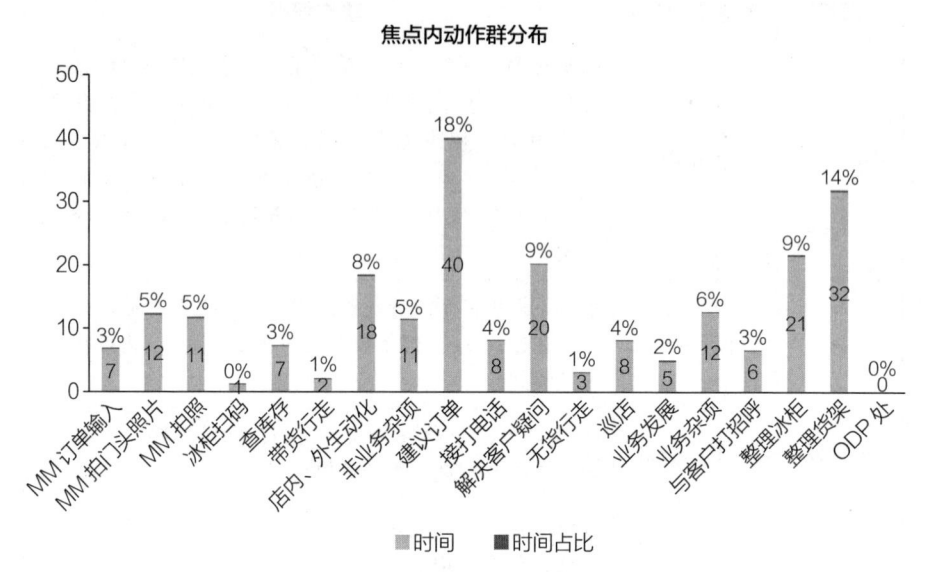

焦点内动作群分布

动作	时间	时间占比
MM订单输入	7	3%
MM拍门头照片	12	5%
MM拍照	11	5%
冰柜扫码	3	0%
查库存	7	3%
带货行走	1	1%
店内、外生动化	18	8%
非业务杂项	11	5%
建议订单	40	18%
接打电话	8	4%
解决客户疑问	20	9%
无货行走	3	1%
巡店	8	4%
业务发展	5	2%
业务杂项	12	6%
与客户打招呼	6	3%
整理冰柜	21	9%
整理货架	32	14%
ODP处	0	0%

图7　业代售点内时间分析

最后，根据分析结果可得到该区域团队业务需要改善的地方，售点拜访时间是否过短，干线时间是否过长，包括店内停留与老板交流的时间等，以此提升团队效率。

8. 区域市场销售数据分析

主要分析区域市场的基础数据、销售趋势、销售结构、KPI达成等数据，由于此部分内容较为重要，放到本章第二小节。

（二）改善与提升流程

通过对区域市场应用市场诊断8模型，我们能够全面把握该区域的市场状况。基于这些翔实的数据分析，我们可以准确识别出区域市场改善方向、销量增长方向。随后，可以制定一份针对性的市场诊断报告，指导区域市场实施有效改进策略，以实现市场的快速突破与提升。

区域市场诊断提升与改善流程见下图：

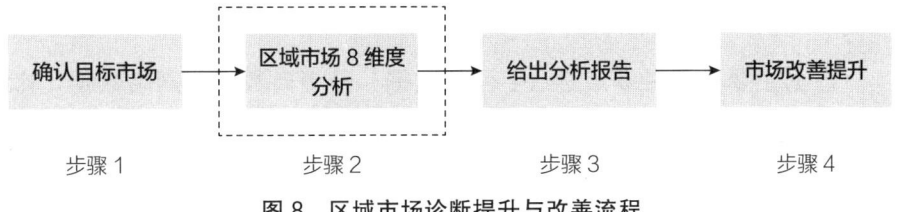

确认目标市场（步骤1）→ 区域市场8维度分析（步骤2）→ 给出分析报告（步骤3）→ 市场改善提升（步骤4）

图8　区域市场诊断提升与改善流程

二、销售数据分析模型

销售数据分析是比较重要的技能，很多工作都离不开销售数据分析。例如，写战略规划、写市场诊断提升方案、找到市场增长机会、分析市场下滑原因等。然而由于种种原因，笔者见过很多快消行业的工作人员并不会分析数据，或者说分析得不专业。有一个市场的城市经理，入职一年，业绩比较好，可能是去年同期的时候，该区域业绩达成比较差，客户不干了，导致去年销售数据整体比较差，基数小，所以今年轻松完成任务。季度会议的时候，总经理让这位城市经理分享一下，他的市场为什么业绩达成这么好，是做了哪些动作，结果这位城市经理一脸懵，什么也答不上来。很明显，在快消品行业很多人都只做到压货、维护经销商这个环节，大都不会数据分析。所以，笔者希望能把自己在快消品行业摸爬滚打十几年的经验分享给大家，希望读者能得到启发。

（一）基础数据分析

1. 数据来源

数据主要有几种获取途径：公司数据、经销商数据、网络数据、市场调研、询问同行等。公司数据很好理解，就是从公司系统上调取数据，有些大公司系统数据还是比较全面的，如可口可乐公司、金龙鱼公司，都有完善的销售数据，能直接分析到终端的销售情况，比较好用；有些公司没有销售系统，或者是公司的销售系统数据只能到经销商，还做不到终端，那么就可以去经销商那里要数据；还可以通过网络数据可以找到一些宏观数据，或者市场的一些基本数据，但要注意网站的权威性，有些网站的数据可能是错的，可以多找几个网站对比；还有就是市场调研，如果公司正好有市场调研项目，可以向调研的人要数据；最后就是打电话向同行要数据信息。

2. 基础数据分析

基础数据分析主要对区域市场基础数据有一个大致的了解。

表3 某企业区域基础数据分析表

区域	人口（千人）	理论售点	实际售点	业代人数	同期数据	销量数据	同比	人均饮用
昌吉市	383	1,916	1,634	8	433,821	376,058	-13%	98
阜康市	168	840	780	3	126,562	152,548	21%	90
五家渠市	90	451	340	1	210,905	158,623	-25%	176
呼图壁县	218	1,088	840	3	171,831	93,474	-46%	42
区域汇总	859	4,295	3,594	15	943,119	780,703	-17%	90

通过分析表可以看到整个区域的基本情况，人口代表这个区域的销售潜力，人口越多，潜力越大；理论售点是用总人口除以200，意思是每200个人就会有一个售点，饮料行业是200，其他行业也可能会不一样；实际售点代表业务实际覆盖的售点数，用实际售点除以理论售点，代表了这个区域的售点覆盖率；同期数据代表同一时期的销售数据，可以是一年也可以是一个月，具体根据公司需求设置；同比就是相比同期是上升还是下滑，下滑越大的地方就是应该重点关注的地方；人均饮用量是用销量除以人口，这个数据越大说明市场做得越好，如果越小则说明该市场还有很大成长空间。此表还可以根据需求拓展，比如，人口数可以细分为城市人口和乡镇人口，还可以在表中加入城市数量，有多少城市、多少县、多少乡镇，还可以加入冰柜或者物料数量便于做更细致的分析。

（二）抓重点，渠道结构分析

可以通过对渠道数据的细致分析，进一步分析市场。

表4　某区域市场1~5月销量分渠道分析

渠道	客户数	单点VPO	活跃客户数	活跃率	本期销量	同期销量	增长率	占比
传统	1,576	24	1,323	83%	186,737	142,355	31%	44%
KA	61	213	48	73%	65,101	48,587	34%	15%
餐饮	61	17	63	62%	5,293	11,234	-53%	1%
其他	61	24	46	77%	7,213	4,440	62%	2%
教育	174	54	130	75%	47,380	30,367	56%	11%
网吧	93	97	78	82%	45,267	23,285	94%	11%
批发商	58	217	49	84%	63,024	140,502	-55%	15%
合计	2,096	40	10	81%	420,013	400,770	5%	100%

从此表可以看出市场整体销量增长5%，但餐饮渠道和批发渠道是下滑的，餐饮渠道下滑可以去市场上找原因并改善，是销售竞品还是别的原因；批发渠道下滑有可能是因为厂家做精细化直营终端，服务变好了，所以批发量下滑了，批发占比越大，说明这个市场经销商和厂家的服务是不好的，销量都被批发拿走；传统渠道销售占比是最大的，说明这个市场的渠道构成主要还是以传统渠道为主，同时也可以清楚地看到其他渠道的占比，占比越大重要性越大；此表也可以看到各渠道的售点数以及售点活跃数、活跃率，活跃是指在数据期间进过一次货就算活跃，未活跃客户可能是因为店铺倒闭，也可能由于别的原因；单点VPO是指单店月销量，通过此数据可以看到每个渠道的平均单月销量，从而可以依据此数据制定合适的销售政策，单点VPO=销量/售点数/月数。

（三）看清品类的发展趋势：分品类分析

分品类分析是为了进一步找到是哪个品类、哪个产品出了问题，产品持续出现下滑意味着这个品类或许随着消费者变化而失去竞争力。

表5 某企业分品类销量分析表

分品类	销量（瓶）	同期（瓶）	占比	增长
汽水	265,342	251,765	57%	5%
塑料300ml	3,334	2,677	0.7%	25%
拉罐330ml	47,224	43,915	10.2%	8%
塑料5/600ml	118,861	106,851	25.7%	11%
塑料1.25L	9,589	14,574	0.2%	−34%
塑料2,000ml	86,334	83,748	18.6%	3%
果汁	21,196	18,585	4.5%	14%

续表

分品类	销量（瓶）	同期（瓶）	占比	增长
塑料 450ml	12,943	12,313	27.5%	5%
塑料 1.25L	8,253	6,272	1.7%	32%
乳饮料	1,506	1,346	0.3%	12%
功能饮料	8,049	0	1.7%	/
水	165,857	67,069	35.9%	147%
总量	461,950	338,765	100%	36%

从这个表中可以清晰地看到每个品类的销量以及该市场的产品结构。占比分析代表这个产品或品类的重要程度，占比越大对生意越重要；对比同期增长或下滑则分析的是近一段时间的销售情况。在快消品行业，不同包装的产品对应的是不同的消费场景。例如，2,000ml 大包装饮料对应的消费场景是家庭聚饮，而 600ml 包装饮料则对应的是个人独饮场景；5L 食用油对应的是家庭烹饪场景，而 10L 食用用油则对应的是餐厅用油场景。分品类分析能看到这个品类的发展情况，水的增长比饮料类增长快很多可能意味着人们健康意识的觉醒，饮料品类整体的份额都在缩减。

（四）寻找市场"洼地"：分区域分析

分析每一区域的销售情况，很多时候自己所负责的区域整体销量下滑或者增长并不意味着每个区域都下滑了，有可能是有的区域在增长，有的区域在下滑，找到下滑的区域，分析问题所在。

表 6　某企业分区域销量分析表

区域	客户数	本期销量	占比	同期销量	占比	增长
察哈尔后旗	220	51,113	16%	40,377	13%	10,737

续表

区域	客户数	本期销量	占比	同期销量	占比	增长
丰镇市	218	47,311	15%	23,189	8%	24,123
察哈尔中旗	189	43,862	14%	69,466	23%	−25,603
四子王旗	209	41,641	13%	49,716	16%	−8,075
凉城县	210	37,783	12%	18,536	6%	19,247
商都县	209	35,945	11%	32,696	11%	3,249
乌兰察外县合计	1,473	317,793	100%	307,778	100%	10,015

快消品行业的销售和区域负责人、经销商、销售代表都有关系，和竞品也有关系，比较复杂。每个区域的情况都是不一样的，这个时候分区域去分析也许可以找到问题根本。通过此表，可以看到每个区域销售占比情况以及销量增长情况。同样，占比大的区域意味着重要性越强。一般调取本期数据应该三个月以上才有意义，这个要根据自己所在行业的情况去分析。例如饮料啤酒行业进货频次相比白酒行业要高一些，还有些行业，如化肥行业可能半年、一年才回一次款，这时候调取数据的时间就应该结合自己行业实际情况。

（五）多维度数据分析

除了上述一些常用的数据分析方法，其实还有很多分析方法，本书就不展开写了，相信本书读者看过上述几个分析方法已经具备了一定的数据分析能力。以下笔者提供一些分析方法，相信大家能够自己分析。比如，分线路分析方法，把单条业代的数据拿出来，看他所负责的线路数据情况；终端售点活跃度分析，查看哪些售点"正在死亡"，哪些售点"销量增长很快"；销售趋势分析，主要是分析产品或区域近段时间的增长率，看销售趋势是上升还是下滑；销量最好的 30 个店分析，主要就是调取区域内销售最好的 30 个店，看看这些店面的共同特征是什么，由此可以找到该产品的目标门店，并扩大优势；销量下滑的 30 个门店分析，找到区域内销售下滑最快的 30 家门店，去实地走访，就能找到市场销量下滑的原因。

三、从市场调研分析市场

在写这部分的时候，笔者一直在考虑要不要把市场调研这部分内容加进来，可能有人会说，不就是市场调研吗，这个很简单，没什么可讲的。但笔者想说的是，如果你能把专业的白酒咨询公司的调研内容看完，你能学到很多，至少笔者是这样的。现在很多饮料食品行业的员工其实干的都是螺丝钉工作，就是公司把怎么干的标准步骤布置好了，不用思考怎么去与别的品牌竞争，因为本身很多大的快消品企业品牌力、产品力都很强，渠道只用做标准动作就可以了。而白酒不一样，很多时候，白酒企业都是在考虑，怎么以弱胜强，怎么在品牌力比竞品弱的情况下一点一点扩大市场份额，所以笔者一直有一个观点，学习营销一定要跟白酒行业学习，所以相信本节一定能给读者带来不少收获。

（一）调研的基本原则与维度

1. 基本原则

在开始市场调研前，一定要遵循四个原则：目的性，假设性，全面性，完整性。目的性原则是指为什么开始本次调研，希望调研能得到什么样的信息，这样能保证在调研的过程中目的明确，从而保证调研效率；假设性原则是指在开始调研前要提前分析一下市场数据，然后对市场提出假设，这个市场出了什么问题，在调研的过程中再对假设求证；全面性原则是指调研的内容要系统化，囊括市场营销的方方面面，内容越全面，对分析决策越有利；完整性原则是指分析、论证的完整，通过恰当的逻辑演绎结合经验，把对整个市场的认知呈现出来。

2. 基本维度

（1）市场格局。市场上的主要竞品是哪些，销售额有多少；市场上主要卖哪个价位的酒，容量有多少；市场演化过程如何，销量是如何提升的。

（2）主要竞品。竞品是什么时候进入这个市场的；竞品的渠道模式是什么样的，通路的利润有多少，大概几个点；竞品的销量未来是增长还是下滑；竞品在市场上的团队一共多少人。

（3）本品表现。最近三年的销量是增长还是下滑的，主要是什么渠道销量占比较大；广告投入如何；营销团队总共多少人，是否有专职的营销团队，主要是哪些渠道。

（4）消费者喜欢什么样的产品。香型、包装、度数，品牌和品质认知是什么样的；主要在什么场景下消费，男人还是女人，多大岁数，什么时间，在哪消费，消费多少，为什么消费……

（5）市场总共多少终端，有没有进入壁垒。壁垒是指竞品通过对售点长期拜访与维护建立的一种良好的关系和合作，其他品牌难以进入，或者部分店签了专卖协议;经商的习惯等。

表7 市场调研的基本原则与维度

市场格局	主要竞品	本品表现	消费者	商业环境
竞争格局、主流价位、市场容量及演化过程	竞品进入时间,竞品渠道模式及通路利润表现,竞品发展趋势判断,竞品营销组织	最近三年来的市场变迁(销量、渠道结构,广告投入及营销组织的变化)	消费习惯(口感、香型、包装、度数、品牌与品质认知),消费方式(何时、何地、何人、何景),消费者价值观念(面子、品质)	对象:一级商/二级商/终端 内容:数量/进入壁垒/促销方式/经商习惯

(二)调研的主要内容

1. 渠道环境调研

在区域市场中,白酒的主要销售渠道有哪些,如何开发特殊渠道。此外,还应了解该区域市场的渠道结构层级,包括每一层级的利润预期。同时,需要知道各价位段是否存在渠道区隔,并指出哪些是主导销售渠道。最后,渠道利润的各种表现形式,例如顺价利润、返利以及进货政策等。

2. 消费环境调研

市场上的主流香型有哪些,度数如何,包装如何;消费者最喜欢的品牌是哪些,认为他们的品质如何;主流价位与品牌一般是哪种场景较多;各个价位的消费习惯都是什么样的;当地白酒消费者饮酒的平均量大概是多少;白酒消费的趋势如何,过去几年市场上的品牌与产品更迭、价位走势都是什么样的。

3. 渠道终端调研

终端集中程度如何，区域是集中还是分散、销售量是否都集中在一种渠道类型上；竞品是否建立了终端壁垒；终端利润要求达到多少才能成为店里主推产品；餐饮终端一般加价多少就会愿意出售；商超渠道、传统渠道、餐饮渠道三者之间的零售表现价都是多少。

4. 主要竞品调研

竞品白酒的度数、口感特点及规格配置；竞品的产品结构；竞品白酒的价格结构，包括一级批发价、二级批发价、终端零售价、标价以及实际成交价格；竞品白酒的渠道利润分配机制及其具体表现形式；竞品白酒的促销活动策略及政策，包括阶段性促销、长期促销活动以及产品内置奖励的具体情况；竞品白酒的市场铺货覆盖率与终端网点的维护状况以及陈列店铺的政策；竞品白酒的品牌宣传策略，包括大型广告牌的数量、在当地媒体的广告投放力度以及店铺招牌的普及情况；竞品白酒的代理商概况，包括其业务团队规模与构成、代理商的背景以及社会关系网络。

5. 经销商调研

规模以上经销商的状况，涵盖白酒、啤酒、饮料等品类，并区分其是否属于酒水饮料行业或跨行业经营；各主要白酒品牌的代理商情况；经销商的业务团队规模与构成、配送车辆的数量及类型以及仓库的储存容量与物流配送能力；经销商对下游分销系统的掌控能力及辐射范围；经销商的销售运作模式；经销商的个人情况；经销商的资金状况，他们对产品、定价及销售政策方面的反馈与建议。

6.消费者调研

当地居民的风俗习惯（对于瓶体造型、颜色喜好或忌讳，当地人结婚过寿的一些流程和习俗）；消费者的口感偏好、饮用度数、品牌偏好、饮酒频率；消费者的购买习惯；一般朋友聚饮的主流价位、品牌和产品；婚喜宴的主流价位、品牌和产品。

（三）资料分析与总结

对市场走访调研的数据进行分析，形成结论。

1.定性分析（SOWT 分析）

定性分析主要用于公司自身资源和市场潜在机会的分析。

表 8　定性分析

SWOT	优势	劣势	机会	威胁
项目		技术技能 有形资产 无形资产 组织 产品 资金 品牌 质量 ……	客户群的扩大 细分市场 技术技能 整合 产品组合 渠道创新 新品开发 价格提升 ……	强势竞争者 替代产品 人口特征变化 新的市场规则政府决策 经济环境 市场需求减少 商业周期 ……

2.品牌象限分析

品牌象限主要用于分析品牌现状。

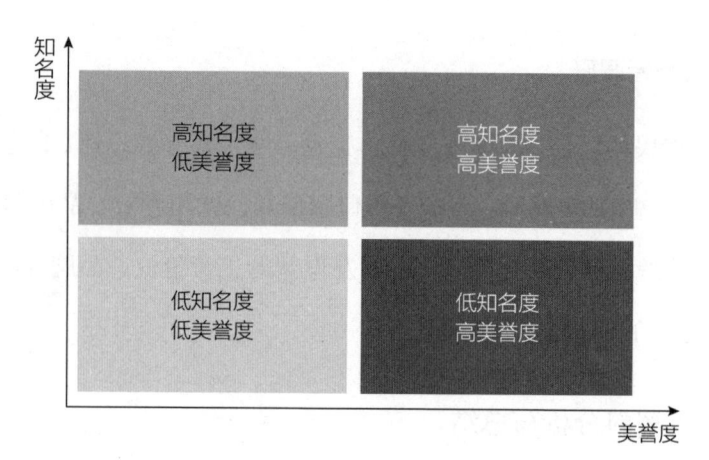

```
         知
         名
         度
         ↑
    ┌─────────────┬─────────────┐
    │  高知名度    │  高知名度    │
    │  低美誉度    │  高美誉度    │
    ├─────────────┼─────────────┤
    │  低知名度    │  低知名度    │
    │  低美誉度    │  高美誉度    │
    └─────────────┴─────────────┘ → 美誉度
```

图 9　品牌象限分析

（1）知名度：指品牌在目标消费者中的知名程度。知名度是品牌的终极优势，知名度越高，品牌的价值越高。知名度体现了消费者对品牌的熟悉感、了解度，可以让消费者在有需求时第一时间想到该品牌。

（2）美誉度：指消费者对品牌的好感和信任程度，是品牌在消费者心目中积累的品牌价值和信誉。对于企业而言，企业美誉度体现了消费者对企业的信任，体现了企业在消费者心中的形象好坏。需要注意的是美誉度不是一个阶段，也不是一个目的，而是一个结果。

（3）最好的情况就是企业知名度高，美誉度高；最差的情况就是品牌知名度很高，美誉度很低。

3. 定量分析

主要对取得的数据进行综合分析，寻找问题与机会，思考市场未来走向，运用对比分析、趋势分析、结构分析得出结论。

表9 定量分析

方法	细分	意义
对比分析	经销商利润分析	我司产品利润与同类产品利润对比是否有优势，经销商利润是否足够？经销商利润往往代表经销商的动力，利润不足则产品动力不足
	渠道利润分析	我司产品利润对比竞品是否有优势，渠道客户往往愿意推广有利润的产品
趋势分析	整体销售趋势分析	市场竞争格局是哪个品牌在增长，哪个品牌在下滑，分析趋势及时找到应对策略
	产品销售趋势分析	市场上哪款产品增长很快，哪款产品或者哪类产品在下滑，看产品或者品类未来发展机会
结构分析	渠道结构	看市场上主销渠道是哪些，每个市场的渠道结构不同，每个渠道的利润也不同，好的渠道结构能给经销商带来更多利润
	产品结构	看经销商高毛利产品和低毛利产品销售占比情况，高毛利产品占比越高经销商利润越大
	产品价位段结构	市场上主销价位是哪个价格带，占比是多少，清楚市场的价位分析有利于企业做更好的市场布局

第三章

渠道竞争布局

快消品企业在下发一些市场营销文件的时候，往往比较简洁，并不会对文件进行更深入的解读与说明。如果市场人员对文件理解不深刻，很可能造成在给经销商传递信息的时候不准确、不清晰、不到位，从而造成执行效果不佳，最终可能导致"实际执行和公司想要的不一样"，造成沟通成本的增加、时间成本的增加。本章三个小节的内容就是从企业渠道竞争的原点出发，引领读者深入理解企业市场布局策略制定背后的逻辑，从而使读者明白企业为什么要这么做，这么做的好处是什么，怎么做才能更到位，帮助读者建立起对市场布局策略的认知，增长读者在实际工作中应用这些知识、提升自我、创造价值的能力。

第一节介绍的是经销商布局。"好的布局如同精心策划的棋局，每一步都暗藏玄机，助企业决胜千里。"经销商不仅是产品流通的桥梁，更是品牌影响力拓展的前沿。企业应精心挑选理念相合、实力雄厚的经销商，通过系统培训提升能力，设计激励机制激发潜力，并建立高效沟通机制确保合作顺畅。同时，紧跟市场趋势，灵活调整布局策略，以更灵活高效的方式响应市场需求。唯如此，企业方能在激烈竞争中稳舵前行，既着眼当下，又布局未来。

第二节介绍了厂商合作模式。厂商合作的本质恰如"专业的人干专业的事"这一原则在商业领域的生动体现。随着商业环境的不断演进和竞争态势的日益激烈，厂商间的合作模式随之迭代升级，以适应时代的需求。一个成功的商业模式，必然建立在产业链各角色清晰定位、分工明确的基础之上，以确保价值的最大化。否则，它可能只是昙花一现的阶段性产物。合作模式不仅体现了专业分工的智慧，更是资源优化配置、实现共赢的典范。厂家的"营"与经销商的"销"紧密融合，形成了强大的市场合力，推动了产品的成功销售和品牌的持续发展。因此，厂商合作不仅是商业体系中的重要形式，更是实现产业链价值最大化的关键路径。

第三节是竞争模式。在自然经济时代，人们向往"与世无争"的宁静生活。然而，市场经济的到来，让竞争成为无处不在的力量，深刻影响人们生活的每一个角落。竞争要求企业不仅要有强健的"骨架"——经销商网络，更要构建有效的渠道竞争模式，作为连接经销商、终端与消费者的桥梁，促进市场健康发展。竞争模式是企业创立、生存与发展的基石，它随市场变迁而持续演进，不断适应新要求、解决新问题。企业在选择竞争模式时，需综合考量自身资源与能力，选择合适的道路，并适时优化策略，灵活应对市场挑战，确保在激烈竞争中稳步前行。

一、战略思维：渠道布局

渠道布局是确保市场流通、促进产品或服务触达目标消费者、实现销售增长与品牌发展的关键所在。

（一）以网点数量取胜：密集型分销布局

密集型分销渠道布局是指企业在同一渠道层级上选用尽可能多的渠道中间商来分销自己的产品。对于高消费频率且价值相对较低的大众化商品，这类商品因市场需求量大、消费者购买频次高，非常适合采用密集型分销覆盖策略。通过广泛铺货，确保产品在各类零售终端的广泛可见性，从而满足消费者追求购物便利的需求。同时，针对企业的核心销售渠道，如大型超市、连锁便利店等，也可以实施高密度分销覆盖，以此稳固市场地位并提升品牌影响力。快消品行业，诸如可口可乐、康师傅、统一等知名饮料企业以及青岛啤酒、燕京啤酒等啤酒巨头，普遍采用了广泛而密集的分销布局策略。

1.密集型布局优势

（1）市场覆盖率高：通过尽可能多的中间商分销产品，可以迅速扩大产品的市场覆盖面，提高品牌知名度和市场占有率。

（2）顾客接触率高：广泛的分销网络使消费者能够随时随地购买到产品，提高了顾客购买的便利性和满意度。

（3）充分利用中间商资源：通过密集型分销，企业可以充分利用中间商的销售渠道、营销经验和客户资源，降低自身的市场风险和销售成本。

2.密集型布局劣势

（1）渠道管理成本高：企业需要投入大量的人力、物力和财力来维护和管理广泛的分销网络，增加了企业的运营成本。

（2）团队管理难：在快速消费品行业，人员管理始终是企业面临的一大挑战。销售人员遍布城市的各个角落，难以实现直接且持续的监督。尽管当前许多企业已采用现代化的手机系统进行业务管理，但这些系统尚存管理漏洞，易为销售人员所利用。若管理层监管不力，销售人员的工作状态便可能散漫无序。

（3）市场竞争风险：在密集型分销模式下，经销商和批发商的数量众多，加剧了同层级间的竞争，如经销商之间的竞争、批发商之间的竞争，这种激烈的市场竞争导致产品价格体系混乱，出现价格下滑的现象。

3. 实战案例：可口可乐密集型渠道布局

笔者曾有幸服务于可口可乐公司，对该公司的密集型渠道布局策略有所了解并深有体会。可口可乐采用密集型分销策略，其渠道宽度覆盖广泛，细分多样，囊括了传统零售店、连锁便利店（CVS）、餐饮场所、校园店铺、网吧、重点客户（KA）、大型卖场以及批发等多渠道类型。针对不同渠道，公司特别设立了专业化的营销团队，例如专为批发渠道服务的批发组以及直面校园店与网吧的直销团队，这些团队协同作用，共同编织了一张庞大而精细的销售网络。

在渠道布局上，可口可乐追求深度与广度的双重覆盖，即便在人口仅为200万的省会城市，也精心部署了超过30家分销商及二级批发商，确保市场渗透力。此外，公司还建立了一套完善的售点调查体系，通过科学的方法精确统计有效售点数量，评估覆盖率与服务状态，以此为依据，每200至250个销售网点即配备至少一名服务人员，力求售点覆盖与服务质量的最大化。

这一系列策略不仅展现了可口可乐对市场细分的精准把握，也体现了其对密集型分销模式的深度实践，确保产品能够迅速、高效地触达市场的各处，实现全面而深入的市场渗透。

（二）独家分销布局

独家分销布局是指企业在特定区域内选择一家代理商作为独家经营其产品的策略。这种布局方式确保了代理商在区域内的独家经营地位，从而激发其市场推广的积极性和销售动力。在快消品行业里，一些企业组织力不强，产品品类规模小，常常采用独家代理的模式，借助经销商资源打开市场。

1. 独家分销布局的特点

（1）市场及渠道覆盖面小，市场管理粗放。

（2）市场竞争程度较低。

（3）厂家的主要任务不是开发管理市场，而是扶持帮助经销商。

（4）主要以经销商为主导，借助经销商市场网络资源。

2. 独家分销布局的优势

市场进入成本低。开拓新市场时，企业若选择自主招聘人员来推进，往往会面临高昂的成本投入及不确定的市场开发成果。相比之下，借助经销商的力量来拓展市场则能显著降低进入门槛。深耕当地市场多年的经销商，掌握着丰富的渠道资源和网络，能够迅速有效地开拓市场。企业只需制定优惠的招商政策，并与经销商达成协议，即可轻松切入市场，实现快速扩张与占领。

3. 独家分销布局的劣势

无法满足企业全方位的市场开拓需求。经销商虽拥有丰富的渠道与人脉资源，在市场开拓初期能助力企业快速增长，然而这些资源是有限的。进入市场开拓中后期，企业往往会发现经销商的能力难以满足更全面、更深入的市场需求。具体表现为：市场服务覆盖面有限，需增设分销商以扩大覆盖范围，但分销商作为经销商的下级，受利润驱动不足影响，其服务能力存在短板；随着市场规模的扩大，经销商的资金回笼压力也可能增大，影响回款效率；这种独家代理布局为一种长渠道模式，厂家对终端网点掌控不足，市场发展中后期也会形成市场乱价。

4. 西梅汁企业渠道拓展与调整案例

笔者曾服务一家以西梅汁为主打产品的健康食品企业。该企业的主力产品西梅汁，主打减肥功效，目标消费人群为时尚女性。凭借独特的产品定位和精准的营销策略，该产品在网络平台上迅速走红。为了跟上网络的销售势头，该企业决定拓展线下渠道，以实现全渠道覆盖。

在选择线下合作伙伴时，该企业选择了某省会城市最大批发市场中的一家经销商进行独家分销。这家经销商主要代理一些网红产品和休闲食品，其资源和销售网络位于全省各地市，销售形式为批发市场坐商，没有自己的销售团队。由于该产品是新上市，企业急于找到经销商，于是和该经销商签订了销售协议。该西梅汁企业是电商企业，线下渠道经验不足，在和该经销商签订协议的时候，条款写得并不清楚，导致该经销商认为自己签订的是全省总代理。

合作初期，依托经销商在各城市的销售网络资源，西梅汁迅速在全省范围内铺开。尽管产品覆盖率不高，但在多个城市已经可以见到。该经销商的年度销量远超企业预期，占据了企业全年销量的六分之一。

然而，随着销量的持续增长，企业开始意识到当前渠道布局策略的局限性。经销商的网络资源在一定程度上促进了产品的快速铺货，但面对日益增长的市场需求，经销商的坐商模式、没有销售团队的劣势难以支撑未来的市场发展。

鉴于上述情况，企业决定对渠道布局策略进行调整。首先，与经销商进行深入沟通，明确双方在市场发展、渠道建设等方面的共同目标和期望。然而，由于双方在独家代理权问题上的分歧无法调和，企业最终决定终止与当前经销商的独家代理合作，并寻找新的合作伙伴。

（三）平衡的艺术：选择分销

选择分销是一种介于密集型分销与专营分销之间的分销模式，它选取一家以上的经销商，但并非所有有意向的经销商。这种分销方式既确保了生产者能够拥有足够的市场覆盖范围，相较于密集型分销而言，厂家对渠道拥有更大的控制力，降低了运营成本。选择分销是快消品行业中常见的布局模式，如白酒行业常见的"1+N"布局模式，即1家渠道商+N个补充经销商（团购商、特渠商）；再如某些粮油企业，将自己的产品分为小包装和中包装，小包装选择流通商分销，中包装选择餐饮经销商分销。这种分销模式可以选择不同类型、不同特点、具有不同资源优势的经销商，充分发挥经销商的优势，实现市场覆盖面及销量最大化。

通常来讲，企业想要达成业绩目标，又要保持市场的稳定和销售的持续发展，采用分销是比较好的方式。企业可以根据经销商特点，结合企业战略，在一个地区选择几家经销商。这样，经销商不会因太多而竞争加剧，也不会因为太少而影响市场覆盖率。

表1 不同经销商的类型及特点

类型	流通商					团购商	
	贸易型	渠道型	仓储型	品牌运营	互联网+	专卖店	团购性
类型说明	某地区全渠道运作经销商	某地区分渠道运作经销商（流通烟酒店、餐饮、商超等渠道经销商）	经销商主要提供运营资金及仓储，厂家主导该市场的整体运营	品牌买断商、经销商自主运营	主要为线上平台型及线下连锁型经销商	店面零售及自身团购销售，不允许流通渠道销售	三种团购类型客户（自用型、分销型、自用+分销）
经销产品	厂家主营产品	主营产品或不同渠道专属产品	厂家规定的产品	开发贴牌产品或厂家某一系列产品	电商专属产品+主营产品	专卖店产品及主线产品	主线产品、文创类、个性化定制类等
经销商特点	专业化运营公司，经销商综合实力较强，分销网络丰富	针对某一流通渠道具备丰富的资源	市场由厂家主导运营，经销商季度、年度分红收益	对于经销商综合实力要求较高，厂家不参与品牌推广及市场运营	厂家直接与某一平台及线下连锁进行合作	促进品牌宣传及团购销售，价格标杆，利于市场价格体系稳定	常见于新产品导入前期或流通渠道占有率较高情况下的拓展
举例	/	常见于直营模式中的经销商类型，如仰韶	伊力特		A.线上平台型：酒仙网 B.线上平台线下连锁型-1919：酒便利		洋河、君品习酒

表2　不同价位酒水经销商的选择标准

价位	经销商标准
低端	A.具备较强的流通渠道（包括传统渠道、餐饮渠道）资源，同时拥有健全的销售团队及渠道配送能力 B.优选当地传统酒水（中低端品牌）经销商 C.其次选择当地饮料、啤酒行业经销商（例如，副食、啤酒等经销商，拥有丰富的商超餐饮渠道资源）
中端	A.具备一定的流通分销及团购销售能力，例如，经销商在当地分销商数量、核心终端数量、团购单位数量等 B.优选当地传统酒水（运作次高端以上品牌）经销商
高端	A.优选当地传统酒水（运作次高端以上品牌）经销商 B.其次选择拥有高端白酒团购资源的其他经销商 C.加强团购商布局（专卖店、团购商等），特别是跨界团购商的招募（可采取招募有异业高端客户资源的业务人员跨界招商）

选择分销实战案例

笔者曾服务于某高档白酒企业，该企业作为川酒六朵金花之一，其主打产品的零售价标在500元，而实际交易价格稳定在400元左右。为了拓宽市场，公司决定推出一款定位更为亲民的中档白酒，标价200元，预计实际成交价格在150元左右。在此过程中，如何选择合适的经销商成为首要难题：是沿用现有的经销商网络，还是寻求新的合作伙伴？

经过深入剖析，公司发现了现有经销商的局限性。尽管他们在某些核心门店和团购拥有一定资源，但整体渠道覆盖力并不强，尤其是在200元价位的主要销售战场——流通渠道与烟酒店方面，现有经销商表现并不突出。因此，依赖原有经销商来推广这款新产品显然不是最佳选择。

公司决定采取选择分销的市场策略，即在该市场引入一位新经销商，这位经销商在流通渠道与烟酒店方面拥有更为强大的渠道资源和销售能力。通过这一调整，公司不仅成功避开了现有经销商的短板，还为中档白酒的推广开辟了更为广阔的市场空间。

（四）自建渠道：品牌建设的加速器

自建渠道是指企业通过建立自己的销售渠道，减少对第三方渠道的依赖，以实现更直接、更有效的市场推广和销售。自建渠道可以帮助企业更好地控制销售过程，提高市场反应速度，降低销售成本，并增强品牌影响力。此外，自建渠道还可以帮助企业更好地了解市场需求，提供更个性化的服务，从而提升客户满意度和忠诚度。

在快消品行业，自建渠道呈现出多样化的形式，为品牌与消费者建立了更为直接和紧密的联系。例如，烘焙食品企业通过建立自己的连锁店，不仅拓宽了销售渠道，还提升了品牌的统一性和辨识度；精酿啤酒企业则倾向于开设特色小酒馆，以独特的氛围和体验吸引目标顾客群体；而白酒行业更是通过自建体验店，让消费者在品酒的同时，也能深入了解品牌文化和酿造工艺。这些自建渠道不仅丰富了快消品的销售模式，还为消费者提供了更加个性化和沉浸式的购物体验。

1. 自建渠道有利于品牌建设

自建渠道是品牌建设的强大助力。它不仅为企业提供了一个直接且高效的展示平台，使品牌能够精准传达自身形象，更通过精心构建的视觉体验与个性化服务，深化消费者对品牌的认知与情感连接。企业能够直接聆听消费者的声音，快速响应市场变化，从而不断优化产品与服务，提升品牌竞争力。在这一过程中，品牌不仅建立了与消费者之间的信任与忠诚，还通过口碑传播与持续复购，实现了品牌价值的持续增长。以笔者曾服务过的一家烘焙食品企业为例，该企业在某省拥有300余家直营连锁店，这些连锁店的门头全部使用企业统一形象，相当于打了300个户外广告；该企业连锁店面人员统一工装，统一服务用语；每个店内播放轻音乐，营造出良好的购物环境；在做促销活动时候，所有门店同步换上精心设计的海报，围绕统一的活动主题展开。这种高度一致的品牌呈现方式，极大地增强了品牌在该地区的辨识度与消费者认可度，这一系列动作让该企业在当地建立了很好的品牌形象。

2. 自建渠道有利于深度培育消费者

笔者曾服务的某酒企，为了深度培育消费者，自建体验馆，通过功能的分区实现对消费者精准培育。体验馆分区包括接待区、历史文化区、酿艺体验区、品质价值区、产品展示区、互动品鉴、餐饮品鉴区，主要流程为参观游览、互动品鉴、餐饮娱乐，培育新的消费者和让老的消费者对体验馆产生黏性。该企业以核心消费者为目标，以用户培育动作为工具，实现了对核心消费者的"获取—激活—留存—转化—推荐"的运营闭环。

3. 自建渠道企业必须有很强的运营能力

自建渠道面临的首要问题就是成本问题以及直营店面是否能够存活。笔者曾服务过的一家自建渠道企业，尽管其拥有上百家直营连锁店，但遗憾的是，约30%的店铺未能达到盈亏平衡点，即便是那些盈利的店铺，也需要2至3年的时间才能收回投资成本。自建渠道不是所有企业都能成功运营的，失败的案例比比皆是。企业要自建渠道，首先必须具备强大的实力，以确保能够承担开店及运营的高额成本。其次，企业需拥有一定的品牌影响力、稳定的消费群体及消费者的忠诚度，这是确保店面销量能达到盈亏平衡点的重要支撑。最后，自建渠道需实现规模效应，即通过扩大规模和数量来达到配送与运营成本的最优化，确保厂家能够获得最大的经济效益。

4. 贵州某酒企体验馆案例

该企业自2019年开始开展体验馆的建设工作，目前全国建设体验馆数量在800家左右，该酒企通过费用的有效设计，降低厂商之间沟通成本，调节团购商的积极性，抓住体验馆运营的核心，成功运营体验馆。2021年销售业绩在50亿元，其中体验馆产生销售在18亿元左右（占比36%），单店平均销售225万元。该企业对于体验馆的人员支持，除了常规的厨师及服务人员外，特别增加了操盘手；多数体验馆的操盘手都是团购商，在很大的程度上，降低了厂家与商家之间的沟通成本。

该企业在整体费用投入中，并没有对具体的项目设置明确的标准，而是通过对费用设置比例，实现经销商对费用使用的自主调节。部分经销商为了使用费用，会主动申请增加费用的使用频率或人次。该酒企体验馆在费用的设计中，除了常规的体验馆品鉴会、回厂游的执行费用，还重点设置了针对核心意见领袖"季度+双节"的赠酒，有效地促进了体验馆的后期运营。

二、厂家和经销商的合作模式

厂商合作模式是指厂家与经销商或个人之间进行合作的一种经营方式。选择最适合企业自身需求的厂商合作模式，有助于企业实现资源整合、降低风险、提高业务水平和市场竞争力，从而推动企业发展。同时，选择合适的厂商合作模式也有助于企业拓展市场、降低成本、提高效率，实现厂商互利共赢。厂商合作模式多种多样，每种模式都有其独特的优势和适用范围。企业在选择合作模式时，应根据自身的实际情况和市场需求综合考虑，选择最适合自己的合作模式以实现长期发展。在快消品行业中，常见的合作模式有以下几种。

（一）以经销商为主导的大客户代理模式

企业以大区域为单位（通常为一个省，几个市或者某个市），把产品经营权交给实力较强的经销商，由经销商担任平台商或总代理，负责辖区内的销售工作。此种合作模式一般为市场开拓初期，产品体量较小，厂家借助经销商资源进入市场。

在市场开拓的初期阶段，企业想迅速打开市场，依托大客户的丰富资源无疑是一条捷径。这些大客户深耕区域市场多年，不仅熟悉当地市场，还具备销售网络完善、宣传影响力大等优势，这些都是企业在开拓市场初期所欠缺的宝贵资源。因此，大客户就像一把钥匙，能够有效解锁市场的大门，引领企业顺利进入并拓展新领域。

在大客户代理模式下，企业能有效撬动经销商的"资金"与"资源"杠杆，实现双赢。一方面，企业借助各区域总代理的渠道优势，能以高效且低成本的方式将产品引入未开发市场，显著提升铺货效率，扩大产品布局版图。另一方面，通过构建省级至地级的多层次营销网络，产品能迅速渗透至市、县级市场，增强市场覆盖率。对经销商而言，其收益与自身的营销能力与积极性有关。

1. 大客户代理模式（图1）

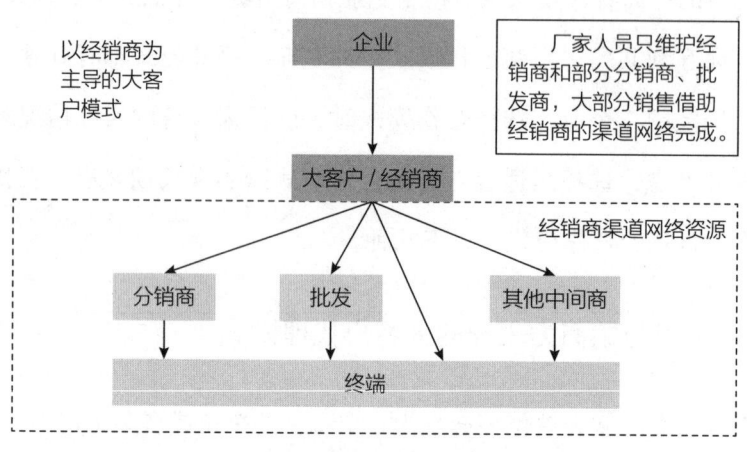

图1 大客户代理模式

随着市场逐渐走向成熟，大客户代理模式的弊端开始凸显。

（1）随着市场的不断发展，大客户逐渐成为企业业务的重要组成部分，其生意体量在企业总营收中占据显著份额。因此，企业的年度增长很大程度上依赖大客户的稳定回款。然而，一旦这些大客户遭遇资金困境，回款难度将大幅增加，直接威胁到企业的业绩表现。更为棘手的是，企业在短期内可能难以迅速找到能够替代的合适经销商，从而导致业绩出现下滑。

（2）随着大客户的崛起，他们在与企业的谈判中掌握了更强的议价能力。这导致企业可能面临被大客户"反向制约"的风险，为维持业绩增长，往往不得不向大客户让渡更多利润空间。

（3）在多层级渠道运营体系中，厂商面临着对渠道库存、终端售价及市场动态难以精确把控的挑战，这削弱了决策的时效性与准确性，导致企业对市场变化的响应速度滞后。此外，过长的渠道，容易引发价格混乱、产品跨区域窜货等不良现象。

2. 大客户代理模式的弊端防治

（1）企业可以实施客户储备策略，在主要市场所在区域积极开拓并维护一批储备客户，确保在必要时能够有效应对市场变化，保障业务连续性。

（2）企业应推行现代化系统软件的全面应用，要求所有合作客户必须使用公司提供的系统软件（通常为手机APP、小程序等），以实现数据的即时录入与管理。系统软件在市场中已较为普及，通过厂商后台的协同操作，能够有效掌控关键大客户的渠道数据与资源。然而，此策略的成功实施基于企业强大的实力支撑以及经销商的高度配合与协同能力。

（3）渠道扁平化。随着市场规模的不断扩大，大客户直接服务终端的能力常显不足，因此，渠道扁平化可能成为顺应市场发展规律、提升效率的最佳选择。这一策略对于维护市场价格的稳定性也具有重大意义。

（二）以厂家为主导的助销模式

为了达成终端网络的全面覆盖并促进销售增长，消费品公司采用助销模式，即投入包括由厂方直接管理控制的人力资源、财务资源及物资资源在内的一系列支持，全方位、系统地赋能经销商，强化其销售能力。此模式在白酒行业称为"厂商1+1"模式，也有人称为协销模式。它是一种聚焦于零售终端管理的销售管理体系，而非传统意义上以内部管理为主的模式。通过优化客户服务、加强市场开发管理，实现渠道运作的高效与深化。在跨国消费品类公司拓展中国市场的实践中，助销理念被广泛采纳并应用，成为推动渠道发展的重要策略。当市场发展达到一定程度且规模扩大后，现有的以经销商为主导的大客户模式逐渐无法满足市场需求，于是演化出了助销模式。快消品行业，多在一些核心市场、重点市场采用此模式。

1. 助销模式特点

（1）厂商委派代表或设立办事处、分公司，负责区域内销售和品牌推广工作，经销商只负责物流和资金周转。

（2）所有经销商由厂家直接对接，经销商之间没有附属关系。

2. 助销模式（图2）

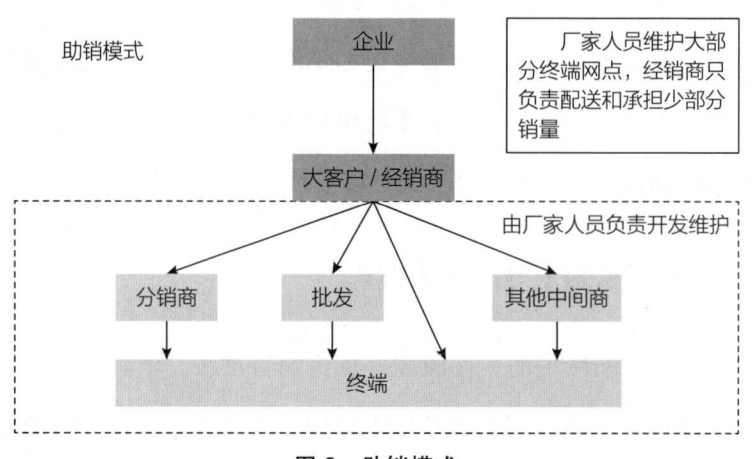

图2 助销模式

3. 助销模式优势

（1）厂家对渠道的管控力度较大，对市场的感知较敏锐。

（2）厂家相较于经销商，在拜访终端、执行生动化陈列时，往往展现出更高的专业度和投入度，能获得更好的市场表现。

（3）通过系统实时录入销售数据，厂家能够更精确地掌握终端销售情况，实现对终端销售动态的即时监测与分析。

4. 助销模式的劣势

（1）容易造成"主劳臣逸"。笔者在服务企业的过程中，发现企业往市场上投入助销人员的时候，有些经销商会减少自己的人员，结果市场总服务人数不变，变成了厂家服务经销商的错误示范。

（2）极度考验城市经理、主管的组织协调能力。在实际开展助销模式的过程中，由于每个经销商情况都不一样，代理的产品也不一样，所以没有办法做到厂家开发，经销商纯配送，因为经销商除了代理厂家产品往往还有其他公司产品要推销。这样可能造成厂家人员偷懒，隐瞒经销商业务人员的订单，这时候就需要经理、主管协调。

5. 助销模式的弊端防治

（1）与经销商签合同的时候，把服务人员数量也写进去，不得减少服务人员数量。

（2）制订科学合理的厂家人员与经销商人员的拜访区域划分、拜访路线规划及考核项目体系。

6. 助销模式人员配置标准

助销模式的人员配置标准应综合考虑企业整体利润目标、长期发展战略、产品利润空间及市场定位等多重因素。通常而言，行业内依据市场年销售额来规划助销人员配置，大致为每 100 万元至 400 万元销售额配备一名助销人员，以确保资源配置的高效与合理性。

表3 部分大型酒企人员配置真实案例

企业	员工性质	配置标准	工资标准	工资结算方式
X企业	省外经销商均配置助销人员	中高端产品每100家终端支持助销人员一名，中低端产品每200家终端支持助销人员一名	中高端产品助销人员工资4,500元/人，低端产品助销人员工资4,000元/人	经销商报账形式上报，厂家通过货款方式结算人员基本工资
Y企业	除遂宁外的其他市场经销商均配置助销人员	经销商400万元合同配置助销一人	厂家负责助销人员工资4,000元/人	经销商通过报账形式上报，厂家通过货款方式结算人员基本工资
Z企业	特别薄弱市场办事处可给予经销商人员配置费用	/	办事处负责2,000~3,000元/人基本工资，从办事处渠道费用扣除	经销商通过报账形式上报，厂家通过货款方式结算人员基本工资
S企业	公司配置直签员工进行助销工作	根据产品不同，经销商200万元~600万元合同配置助销一人	厂家和经销商共同负担助销人员工资（各50%）4,500~5,000元/人	经销商和厂家共建基金池，基金池用作结算人员基本工资和购买渠道物料

（三）厂商共建模式，实现风险共担

厂家与经销商携手共创销售公司，实现了厂家与经销商两大利益主体在风险共担与利益共享层面的深度整合，促使两者理念融合、向心力汇聚，真正展现了厂商之间的高度协同一体化。通过共建销售公司，双方在思想认知、发展目标及行动策略上达到高度一致，这不仅促进了厂商深度合作的顺利开展，还便于双方共同提升管理水平、经营效率及盈利能力，从根本上解决并有效预防了市场运作中常见的窜货、倒货等难题，实现了市场运营的全面优化。

1. 企业持股与不持股的选择

厂家在决定与经销商共同设立合资公司时，面临持股与不持股两种选择，这两种模式各有利弊。然而，观察当前多数上市公司的实践，它们更倾向于选择不参股的合作模式。

表 4 企业持股与不持股优劣势对比分析表

分析角度	优劣分析	持股	不持股
财务/税务	优势	\	没有额外的税务成本
财务/税务	劣势	合资公司的毛利空间（价差）决定了税负成本、费用成本会增加	\
生意推动	优势	有助于合资公司建立初期，有充裕的运营资金	费用支出灵活程度高，比如团购公关的使用，特别是国有大企业、政府公关的费用，团购的回扣等
生意推动	劣势	费用支出受限比较多	如果经销商股东出资有限，合资公司初始规模偏小
运营	优势	有利于股份公司从股东会、董事会层面全面控制合资公司	经销商分红比例相对较大，积极性更高
运营	劣势	经销商分红比例被摊薄，利益受损	后期若公司发展不理想，对经销商的控制力可能不够

2. 企业对合资公司的控制

企业在不持股的情况下，想要实现对合资公司的控制，必须明确董事会、股东、总经理的职能分配。

董事会：负责年度预算、决算、利润分配。

股东：有权利对新股东准入退出进行投票，超 2/3 以上股东同意方可进行准入及退出；有权力在每个财年末享受基础分红 + 业绩分红；有权力了解公司年度运营情况。

总经理：全面负责公司的日常经营和管理；组织执行公司年度经营计划和投资计划，制定公司销售、营销政策、产品销售价格，决定合资公司的人员任免。

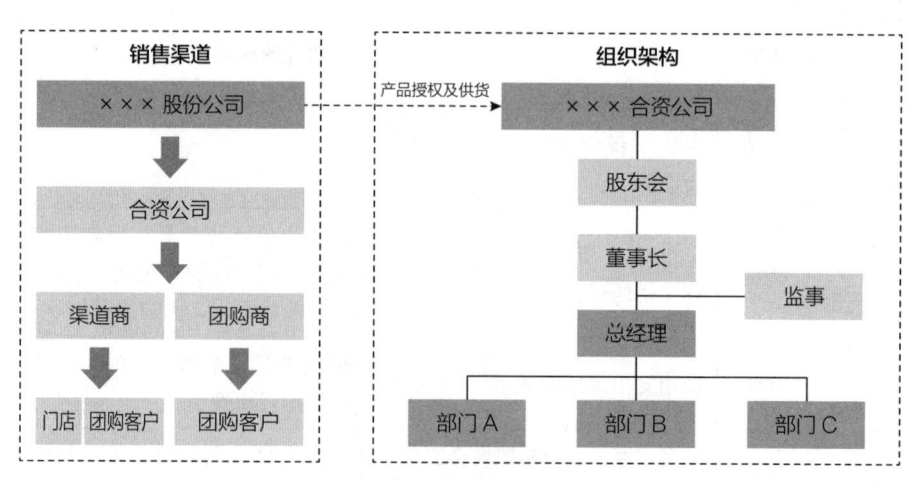

3. 合资公司的渠道架构及组织体系

图 3　合资公司的渠道架构及组织体系

4. 合资公司分红机制

表 5　合资公司分红机制

基础分红	A 股东年度分红额 =A 股东实际入股资金 *10%
业绩分红	业绩分红池来源于合资公司税后营业净利润扣除固定分红剩余的未分配利润； 所有股东以实际达成的营业额为权重，分配业绩递增分红池金额；未达成年度业绩指标的股东仍可按业绩实际完成额享受业绩递增分红； 单个股东业绩分红 = 股东出资占比（股东实际出资 / 所有股东出资）* 年度可分配金额 * 年度考核评分 /100 分 年度考核评分按照业绩目标达成率计算，100 分封顶，市场秩序及价格管控作为减分项

（四）代工贴牌模式

有些酒企业在市场上的产品非常多，眼花缭乱，也分不清楚到底哪一才是真正的嫡系产品，这就是所谓的代工贴牌模式。

代工贴牌模式分为 OEM（Original Equipment Manufacturer）和 ODM（Original Design Manufacturer）两种模式，主要区别在于合作方式。

OEM，即原始设备制造商，是指品牌生产者不直接生产产品，而是通过合同委托其他厂家进行生产，并在产品上使用自己的品牌。这种模式下，品牌生产者掌握关键核心技术，负责设计和开发新产品，同时控制销售渠道。OEM 产品的生产者不能使用自己的品牌名称，只能按照委托方的要求进行生产。

ODM，即原始设计制造商，涉及更深的合作。ODM 厂商不仅负责产品的设计和制造，还可能根据委托方的需求进行定制化设计。ODM

厂商可以提供买断或不买断的设计方案给品牌拥有方。买断方式下，品牌方买断设计并使用该设计生产产品；不买断方式下，设计可以同时卖给多个品牌，但产品的主要区别在于外观。

表 6 两种模式对比

模式	OEM 模式	ODM 模式
定义	Original Equipment Manufacture 原始设备生产商	Original Design Manufacture 原始设计制造商
合作模式	A 企业设计 A 企业品牌 A 企业销售 B 企业只生产	B 企业设计 A 企业品牌 A 企业销售 B 企业生产
举例	"代工"，A 的设计和品牌，B 工厂只负责生产。比如外资企业金龙鱼，就是提供代加工服务的。金龙鱼代加工服务涵盖了从原料采购、生产加工到产品包装，物流配送的一站式服务	"贴牌"，就是 Y 工厂设计生产的产品，贴上 X 的品牌进行销售。如五粮液的贴牌酒，就是由其他酒厂按照五粮液的要求生产，然后贴上五粮液的标签销售
品牌所有权	A 企业	A 企业或 B 企业或双方共有
优缺点	优点：品牌商无须自行建设生产工厂、购置生产设备以及招聘大量生产工人等，减少了生产环节的资金投入和固定成本支出。有助于品牌商将资源集中投入到产品研发、市场拓展和品牌营销等核心业务上，提升企业的核心竞争力。 缺点：1. 代工厂商往往会掌握定价权，品牌商难以掌控成本和销售价格。这样一来，利润空间大大受限，品牌商难以获得理想的回报。此外，代工厂商可能会根据市场需求调整价格，进一步压	优点：贴牌产品通常价格相对较低，适合大众消费，种类丰富，能够满足不同消费者的需求。 缺点：贴牌产品的品质控制和品牌归属不如嫡系产品严格，可能会影响消费者的信任度和品牌认可度。此外，市场上存在一些劣质贴牌产品，可能会影响品牌形象

续表

优缺点	缩品牌商的利润空间。2.过度依赖代加工厂商，会使品牌商在产品开发、生产、销售等环节失去主动权。一旦代工厂商出现问题，如供货不足、质量下降等，品牌商的业务将受到严重影响。此外，长期依赖代加工，还可能导致品牌商丧失核心竞争力，陷入被动局面	

（五）增长飞轮：加盟模式

这是一些精酿啤酒、奶茶品牌经常用的模式，你会发现这些企业扩张速度非常快，因为这些企业是靠赚加盟费、售卖模式和服务赚钱的。加盟模式，亦称特许经营，是一种商业合作模式。在此模式下，拥有注册商标、企业标识、专利技术、专有技术等核心经营资源的企业（即特许人），通过签订合同的方式，授权被特许人（加盟商）使用这些资源。加盟商须遵循统一的经营模式开展业务，并向特许人支付相应的费用。特许人负责提供品牌影响力、管理体系、技术支持等关键要素，而加盟商则承担店面的选址、装修、日常运营及员工招聘等具体运营工作，双方携手共进，实现共赢。

三、先谋竞争模式，再谋渠道布局

现代管理学大师彼得·德鲁克曾言，当今企业间的竞争不是产品与服务的竞争，而是商业模式的竞争。大多数理论家与实践者认为，商业模式的新颖性是竞争焦点所在。商业模式的竞争不是外在形态，而是形态中所隐含的内在特性，这些特性反映着商业模式竞争的核心与基础。本节深入剖析了快消品行业五种典型的竞争模式，希望能给本书读者带来一些启发。

（一）大单品竞争模式

什么是大单品？大单品存在于各行各业，可能每个行业、每个企业、每个人，对大单品的理解都不一样。比如，在白酒行业，大单品被认为是某个价位的代表性产品；而在饮料行业，大单品被认为是某个品类的代表性产品；有些人认为销量大的就是大单品，也有些人认为，在行业内销量占比大的才叫大单品。笔者认为，大单品就是在行业内某一细分领域中具有代表性的产品。这类产品有影响力、有话语权、有市场地位、有规模、有利润、有销量，具有大单品的所有核心特征。

1. 打造大单品是企业脱颖而出的方法之一

据统计，世界500强企业中，单项产品销售额占总销售额95%以上的有一百多家，占500强企业总数的28%左右；主导产品销售额占总销售额70%~95%的有小两百家，占500强企业总数的39%左右。从这些数据来看，这些企业能够在竞争中不被淘汰和企业拥有大单品不无关系。

企业在理性的分析中发现，市场和销量能不能保得住，不在于企业出了多少产品，而在于有没有一只大单品。大单品能够给企业带来很多优势，构筑起企业竞争的壁垒。首先是持续为企业造血，大单品拥有稳定的消费群体，良好的利润，能够不断地为企业带来弹药，推动企业业绩增长。其次是能给企业带来更多的客户，大单品在市场中具有一定的地位，使得企业在与供应商、渠道商谈判的过程中占据一些优势，从而降低企业成本、帮助企业开源。最后是帮助企业塑造品牌，企业通过赋予大单品独特的品牌特征和价值观，能够塑造出与众不同的品牌形象，与消费者建立起情感连接，对品牌产生认同感和忠诚度，不断建立消费者认知，培育消费者。

2. 大单品战略是部分企业的最终归宿

在市场竞争中，有些企业依靠"全价位、全渠道、全产品、无缝隙、高覆盖"的多品汇量战略取得了阶段性的胜利。但是随着市场的发展，各企业之间的产品质量逐渐提升，产品差异化逐渐变小，消费者对产品具体功能的关注度有所降低，他们更信赖品牌确保产品的基础效用能充分满足自身需求。在此基础上，消费选择往往更多地成为一种情感寄托或社会身份的象征。这时就会进入品牌竞争时代，即消费者心智竞争。然而，多品汇量战略面临的最大问题在于消费者对采用这种战略的企业品牌认识是模糊的，这与品牌竞争理念是背道而驰的。由于产品线过多，多品汇量企业往往会产生市场秩序和消费认知的混乱，从而使品牌力削弱，在销量无法获取时"矛盾凸显"，同时企业资源由于长期不聚焦，造成较大的稀释和浪费等一系列问题。越来越多的企业意识到，多品运作的战略从长期来看是不利于企业发展的，"聚焦单品"才是王道。以笔者曾经服务过的一家头部葡萄酒企业为例，该企业过去在行业高速发展时期，正是粗放型扩张阶段。开发产品、专销产品较多，开发门槛低，管理混乱，"多品多商"较为灵活，攫取市场销量份额和占有率。过去行之有效，但行业调整，市场有效性需求萎缩之后，需求对准的是更加有竞争力的产品。经过分析调整，该企业逐渐收缩产品线，区域性大单品逐渐形成，开始转战全省大单品，市场发展良性稳健。

3. 企业打造大单品需要做聚焦战略

笔者研究了一些成功大单品的案例，发现市场上成熟的大单品形成路径无非两种：一种是产品经过推广后市场接受程度很高，后来逐渐占据了市场，成为大单品，例如可口可乐、红牛，这两家企业在前期推广的时候，很长一段时间都只有一只核心单品；还有一种是产品在市场上培育了一段时间，企业发现了这个产品的潜力，聚焦、倾斜资源，逐渐使这个产品成为大单品，以古井贡的年份原浆和洋河的蓝色经典为代表。从这两种成功路径来看，大单品的成功都离不开企业的聚焦。许多处于成长期的企业，由于实力、规模、财力、物力及人力相对有限，若贸然实施多产品策略，忽视培育核心战略单品，往往会遭遇重大风险。资源分散于多种产品组合，必然导致对单一产品的投入不足，很有可能造成开发了很多产品，却没有几个成功的。

4. 打造大单品是个系统工程

大单品的本质是产品在市场中被消费者长期接纳，最终形成了有量、有规模、有认知的状态。要让产品长期被消费者接受就不得不谈到产品之间的竞争，竞争本身就是一个系统工程。根据波特的品牌五力模型，要分析企业有没有竞争优势，至少从五个维度分析，分别是品牌力、传播力、管理力、营销力和产品力。也就是说，企业的产品，想要在市场上胜出，变成大单品，必须把这五个方面都要做好，产品才有可能持续在市场上被认可。那么怎么样才算做好？简言之，只要确保在这五个维度上表现得优于行业内的领军企业即可，比头部企业强的维度越多，打造大单品的可能性越大。

（二）多品渗透竞争

与大单品竞争模式相对应的是多品渗透竞争模式。近年来，大单品竞争模式备受瞩目并广泛流行，但与之相对的多品渗透竞争模式却似乎被边缘化，被误认为是一种"不佳的选择"。而笔者并不这么认为，笔者认为模式没有好坏，并不是所有企业都适合走大单品竞争模式的路线，只有适合自己企业的竞争模式才是好模式。就好比同样是做销售，有的人喜欢广撒网，撒得多了总会遇到一个成交客户；而有的人喜欢抓住一个客户，反复不断地约谈，直到拿下这个客户，两种方式各有优劣势，选择不同而已。

1.借力经销商的多品渗透式打法

多品渗透式打法是一种以渠道驱动的战略，属于一种渐进式的渗透策略。其打法的核心是，通过多经销商模式代理多个系列产品，同时投放市场，采用多品汇量式的办法，群狼共舞，全面渗透，慢慢蓄势。待渠道和消费者对产品逐渐认可，并形成了一定的基础后，再进行产品整合，突出或重塑战略性产品。

多品渗透式打法适用企业一般为有一定品牌力，但自身组织能力不强，销售模式上以经销商为导向的企业。这种渗透式策略不需要大规模的品牌费用投入，不存在市场投入的战略性亏损问题；借力经销商的团队资源和渠道资源运作市场，在人力投入和渠道投入上费用都是可控的，可以保障企业在启动阶段不产生费用压力。

多品渗透式策略，一般在产品组合上采取的是群狼战术，多产品多经销商运作，不同价位、不同品项、不同渠道，全面渗透。在产品价格上，采取跟随定价法，对标竞品最畅销的产品进行定价，不做新价格带的培育和引领，并保持产品的利润优势。在渠道配置上采用多经销商布局，以经销商为导向，全面借助经销商的网络资源开拓市场。在组织配置上，厂家只需要配置人员服务，对接经销商层面，协助经销商完成销售，在广告配置上，有一定品牌力的情况下可以不需要在市场上投入太多户外广告。

2. 多品渗透战略先行者：五粮液

五粮液的多品渗透策略源于1996年，这是五粮液在渠道策略上的一次重要创新。其运作模式简单来说就是五粮液与经销商合作，授权经销商创建新品牌，并由五粮液代为生产。这些新品牌的所有权归经销商所有，五粮液不参与品牌的运营和推广。五粮液按照经销商的要求进行生产加工，而经销商则负责产品的贴牌销售和市场推广。这种模式下，五粮液实际上成为一个"贴牌生产商"。

多品渗透策略极大地丰富了五粮液的产品线，高峰时，五粮液旗下有上千个子品牌，在此期间涌现了五粮醇、熊猫酒、金六福、浏阳河等大批品牌，每一个总代代理一个品牌，八仙过海各显神通，使五粮液快速覆盖中低端市场。同时，借助庞大的经销商网络，五粮液得以迅速占领市场，实现了营收市占率的快速提升。就这样，五粮液通过多品渗透的策略，以较低的成本，快速实现了全国化。在1999—2003年间，其营收市占率从30%提升至41%，逐渐发展成为行业龙头。

然而，多品渗透策略也带来了一些问题。由于品牌所有权归经销商所有，五粮液逐渐丧失了对中低端产品的控制权。同时，大量贴牌产品的出现导致了品牌资源的竞争性内耗，品牌冗余、品质不一也损害了五粮液的品牌形象。

后来面对多品渗透策略带来的问题，五粮液开始逐步调整品牌战略。从2003年开始，五粮液对品牌进行了梳理，提出了"1+9+8"策略，并逐步精简中低端买断品牌和OEM子品牌。除了品牌战略调整外，五粮液还对渠道模式进行了改革。通过发展团购渠道、建立区域营销中心、实行直分销模式等，五粮液逐步收回了对渠道的控制权，提升了渠道管理能力。

（三）价格竞争模式

当前，国内快消品行业已迈入"缩量竞争"时代，企业过往的粗放式增长模式成为历史。面对产品与服务的高度同质化以及营销策略的趋同现象，企业间的竞争手段越来越少，价格竞争模式似乎成为企业最后的救命稻草。

在任何市场中，低价产品总是吸引着对应的低端消费群体。价格竞争模式的本质在于实现生产成本的优势，例如，散装酒市场往往被本地酒厂所主导，这主要得益于他们在运输成本上的优势。除了直接在终端市场以绝对低价吸引消费者外，"价格竞争模式"还体现在提供更高的通路利润上。许多买断品牌通过低供货裸价策略，使得销售链条中的各个环节因能获得较高的加价率而积极销售，从而在整个价值链中展现出更强的竞争力。然而，这种策略属于较为传统且低层次的竞争方式。

1. 价格竞争的成因

快消品行业的价格竞争，其根源可归结为市场、成本与技术的三重推动。快消品市场产品同质化严重，品牌众多，加之消费者需求日益多元化，导致市场竞争异常激烈。企业为了抢占市场份额，往往采取降价策略吸引消费者。同时，消费市场趋淡，消费者对价格敏感度提高，进一步加剧了价格竞争。此外，地方利益与市场分割也是引发价格战的重要因素，地方保护主义使得资源配置难以合理有序，加剧了市场竞争的无序性。成本是价格的基础，企业为了获取竞争优势，不断寻求降低成本的方法。当成本降低时，企业可以选择维持价格不变以获取更多超额利润或降低价格以争取更大的市场份额。这种成本推动的价格竞争在快消品行业尤为常见。新技术的出现和产品的更新换代使旧产品面临被淘汰的风险。为了保持市场竞争力，企业不得不通过降价促销来清理库存，为新产品腾出市场空间。这种技术推动的价格竞争在快消品行业同样不可忽视。

2. 快消品行业价格竞争的影响

价格竞争虽然能够在短期内提升销量和市场份额，但长期来看，其对企业和行业的负面影响不容忽视。价格竞争往往导致产品价格下降，企业利润空间被严重压缩。长期的价格战甚至可能导致企业亏损，影响企业的可持续发展。频繁的价格变动容易让消费者对企业品牌形象产生怀疑，认为企业缺乏诚信和稳定性。这不仅会影响消费者的购买决策，还可能损害企业的长期声誉。价格竞争容易引发行业内的恶性竞争，破坏市场秩序和公平竞争环境。长期的价格战可能导致行业整体盈利能力下降，甚至引发行业危机。

3.快消品行业价格竞争的应对策略

（1）差异化竞争。通过产品创新、品牌塑造和服务升级等方式实现差异化竞争。企业可以研发具有独特卖点的产品，提升品牌形象和附加值，从而避免陷入价格战的泥潭。

（2）成本领先战略。通过优化生产流程、降低采购成本和提高管理效率等方式降低成本，从而在价格竞争中保持优势。企业可以通过规模化生产、供应链整合和精细化管理等手段实现成本领先。

（3）价值营销。关注消费者需求，提供超出价格的价值体验。企业可以通过提升产品质量、增加服务内容和提高消费者满意度等方式增加产品的价值感知，从而抵消价格竞争的影响。

（4）渠道管理。加强与渠道商的合作与管理，确保价格体系的稳定和渠道利润的合理分配。企业可以通过制定科学的价格体系、加强渠道培训和激励措施等方式提升渠道忠诚度和管理水平。

（5）战略联盟。与竞争对手或相关行业企业建立战略联盟，共同抵御价格竞争的风险。企业可以通过资源共享、市场共拓和协同创新等方式实现互利共赢。

（6）灵活应对。在价格竞争中保持灵活性和敏捷性，根据市场变化及时调整策略。企业可以通过监测市场动态、分析竞争对手行为和预测消费者需求等方式制定灵活的应对策略。

4. 走出价格竞争的途径

除了上述应对策略外，快消品企业还可以通过以下途径走出价格竞争的困境。

（1）技术创新。通过技术创新提升产品性能和品质，满足消费者不断升级的需求。技术创新不仅可以提升产品竞争力，还可以为企业带来新的增长点。

（2）品牌升级。通过品牌升级提升品牌形象和知名度，增强消费者对品牌的认同感和忠诚度。品牌升级可以通过品牌故事、品牌文化和品牌传播等方式实现。

（3）市场拓展。积极开拓新的市场和消费群体，扩大市场份额和销售渠道。市场拓展可以通过产品创新、渠道拓展和营销策略调整等方式实现。

（4）服务创新。通过服务创新提升消费者体验和满意度，增强企业的服务竞争力。服务创新可以通过提供个性化服务、增值服务和售后服务等方式实现。

（四）"盘中盘"竞争模式

"盘中盘"是一种以"渠道+产品"驱动市场的营销策略，近年来在白酒行业乃至整个快消品行业中得到了广泛应用。其核心思想是通过集中资源在核心终端或核心消费者进行突破，进而带动整体市场的启动和发展。本节将从"盘中盘"的起源、发展、应用、挑战及未来趋势等多个维度进行深入探讨。笔者认为，尽管近年来渠道费用的上升使得盘中盘模式略显滞后，但作为经典营销模式，"盘中盘"所蕴含的营销理念、策略与方法，对于快消品行业的营销从业者而言，依然具有极高的学习价值。

1. "盘中盘"模式的运作原理与方式

"盘中盘"策略源于台湾地区，并逐步在大陆市场得到推广和应用。其理论基础在于将市场视为一个整体（大盘），而将核心销售终端或核心消费者群体视为关键部分（小盘）。通过集中资源对小盘进行突破，进而辐射带动大盘的启动。在白酒行业中，"盘中盘"策略被多个品牌成功应用，如口子窖、高炉家等。这些品牌通过精心选择核心市场、核心酒店终端进行深度营销和公关活动，成功在局部市场取得突破，并逐步扩大市场份额。随着市场竞争的加剧，"盘中盘"策略也在不断发展和完善。从最初的酒店终端"盘中盘"，逐渐发展到消费者"盘中盘"、品牌"盘中盘"等多种形态。

"盘中盘"营销模式的核心思想是二八法则，是一种将资源优先投入到核心终端的策略。它将整个市场视为"大盘"，而将核心终端视为"小盘"，通过有效启动"小盘"市场，进而辐射并启动整个"大盘"市场。

2. 盘中盘模式的操作步骤

（1）企业首先需要确定目标市场区域，并选择具有资金实力和前瞻性意识的总经销商。这一步骤是"盘中盘"模式成功的基础，因为总经销商的资金实力和市场覆盖能力直接影响后续市场操作。

（2）为确保执行力，厂家与总经销商共同组建直销公司，直接控制核心销售终端。这样不仅可以确保市场策略的有效执行，还能避免经销商因利益驱动而偏离市场方向。

（3）对目标市场进行深入调研，确定哪些终端是核心销售终端，即"小盘"。这些终端通常具有较高的销量和影响力，能够带动整个市场的发展。

（4）针对不同终端的实际情况，制定个性化的启动策略，即"一店一策"。包括进店政策、陈列方式、促销手段等，确保每个终端都能得到充分的关注和支持。

（4）当"小盘"市场启动并取得成功后，利用其在市场中的影响力，逐步向其他终端和渠道拓展，最终启动整个"大盘"市场。

（5）在启动"大盘"市场的过程中，精选并发展二批商，完善销售网络覆盖。这不仅可以提高市场覆盖率，还能降低物流成本，提高市场响应速度。

3."盘中盘"营销模式的挑战与困境

尽管"盘中盘"营销模式在白酒行业中取得了显著的成效，但随着市场竞争的加剧和消费者行为的变化，该模式也面临诸多挑战和困境。

随着越来越多的白酒企业采用"盘中盘"模式，市场同质化现象日益严重。这不仅导致企业间的竞争加剧，还使消费者的选择更加多样化，增加了市场启动的难度；优质的销售终端成为稀缺资源，企业为了争夺这些终端往往需要付出高昂的成本。这不仅增加了企业的运营成本，还可能导致终端费用的浪费和市场效果的下降；随着消费者行为的变化和多元化需求的增加，单一的"盘中盘"模式已难以满足市场的多样化需求。消费者更加注重产品的品质和品牌形象，而非仅仅关注销售渠道和促销手段；部分企业在采用"盘中盘"模式时忽视了品牌传播的重要性，导致产品知名度较低，难以形成持续的市场影响力。这在一定程度上限制了"盘中盘"模式的效果和市场潜力。

4. "盘中盘"营销模式的创新路径

企业需要在保持"盘中盘"模式核心优势的基础上，不断探索和创新，以适应市场的变化和消费者的需求。具体而言，可以从以下几个方面入手。

将"盘中盘"模式与"深度分销"相结合，拓展销售渠道和网络覆盖。通过精细化管理市场终端，提高市场响应速度和运营效率，降低运营成本；加大品牌传播力度，提升品牌形象和知名度。通过广告宣传、公关活动等方式，增强消费者对品牌的认知和信任度，形成持续的市场影响力；对目标消费群体进行精准定位和分析，了解他们的需求和偏好。根据目标消费群体的特点制定个性化的营销策略和推广活动，提高市场针对性和有效性；创新促销手段，提高消费者的参与度和购买意愿。通过线上线下相结合的方式开展促销活动，如限时折扣、满减优惠、赠品等，吸引消费者的关注和购买；加强终端管理和服务：加强对销售终端的管理和服务，提高终端的运营效率和客户满意度。建立完善的终端管理体系和服务标准，确保终端的规范运营和良好形象；在保持"盘中盘"模式核心优势的基础上，积极探索新的营销模式和市场机会。如结合数字化技术开展线上营销、与电商平台合作拓展销售渠道等，以适应市场变化和消费者需求。

5. 案例分析：口子窖的"盘中盘"实践

口子窖作为徽派白酒行业的代表性企业，在采用"盘中盘"营销模式方面取得了显著成效。

在市场启动初期，口子窖选择了具有较大市场容量和竞争潜力的南京作为突破口。通过深入分析市场特点和竞争态势，口子窖确定了以优质餐饮终端为核心的销售渠道。并且口子窖与当地总经销商合作组建了直销公司，直接控制核心销售终端。通过个性化的进店政策、陈列方式和促销手段等启动"小盘"市场，并取得了显著成效。在成功启动"小盘"市场后，口子窖利用其在市场中的影响力逐步向其他终端和渠道拓展，最终成功启动了整个南京市场。

第四章

渠道竞争策略

在如今这个日新月异、竞争激烈的市场环境中，企业每一步的前行都伴随着无数未知与挑战。没有策略作为支撑，任何行动都可能变成盲目摸索，如同一艘失去了罗盘的航船，在浩瀚无垠的大海中随波逐流，既无法有效利用资源，也难以抵达预期的彼岸。

策略的制定，是基于对市场趋势的深刻洞察、对内部能力的精准评估以及对未来愿景的清晰规划。它要求决策者具备前瞻性的思维，能够预见行业的变化趋势，同时又要脚踏实地，确保策略的实施性与灵活性。策略不仅仅是高高在上的理论指导，更需要紧密贴合实际操作，能够在复杂多变的情况下迅速调整方向，引导企业或组织灵活应对，化挑战为机遇。

有效的策略还能促进团队内部的协同作战，确保所有成员朝着共同的目标努力。它像一根纽带，将企业各个部分紧密连接在一起，使得每个人的工作汇聚成一股强大的合力，推动整个组织向前发展。在这个过程中，策略不仅定义了"我们要去哪里"，还明确了"我们该如何去"，为团队提供了清晰的行动框架和成功的标准。

此外，策略的制定与执行也是一个持续迭代、不断优化的过程。市场环境的变化要求企业或组织必须保持高度的敏感性，定期回顾策略的有效性，根据实际情况进行必要的调整与创新。这种动态管理的策略思维，能够帮助企业在激烈的市场竞争中保持领先地位，不断开创新局面。

本章将深度聚焦快消品企业在日常运营中经常会遇到的九个问题，这些问题包括经销商体系优化、样板市场的高效构建、价格体系的稳定维护以及新品上市等多个方面。通过对问题抽丝剥茧，为读者揭示这些难题的本质，并针对性地提供一套全面、实用的策略。希望能够引领读者穿越市场迷雾，探寻并踏上成功之路。

一、经销商优化的四个"锦囊"

很多以经销商为主导的快消品企业，其营销成功的关键在于如何有效激励、优化及充分利用经销商资源。本节将分享四个广泛应用的经销商策略，希望能给读者提供实用指导。

（一）"一商一策"落地与实施

随着快消品行业管理越来越精细化，经常能听到"一商一策""一地一策"，甚至是"一店一策"。顾名思义，一店一策指的是根据终端店的特点，给予特殊的政策，以保证其更具竞争力的市场表现；一地一策则是指根据当地市场特征制定不一样的策略。本书要讲的一地一策则是指针对某一个经销商，根据其具体情况、市场需求、竞争环境等因素，量身定制一套独特的营销策略和管理方案。目的在于提升渠道管理的颗粒度和精细度，鼓励重点经销商的发展，建立富有竞争力的渠道体系。

笔者曾在服务脉动饮料的时候成功实施过一商一策。大家都知道饮料企业在夏天对冰柜的争夺是非常激烈的，谁占领了冰柜谁就拥有了更多的销售机会。当时，某市场经销商同时代理着脉动和元气森林，笔者利用公司一商一策的资源，使元气森林的每一个冰柜里都摆放了一层脉动饮料，最终使当地市场多增加了100余个优质冰冻陈列。那么，一商一策具体该如何实施呢？

1. 一商一策实施思路

（1）第一步，寻找目标市场。目的是找到适合开展一商一策的市场，并不是每个市场都适合一商一策。

（2）第二步，和经销商充分沟通，制定适合当地经销商的特殊政策。

（3）第三步，落地实施，形成管理闭环。

具体步骤见图1。

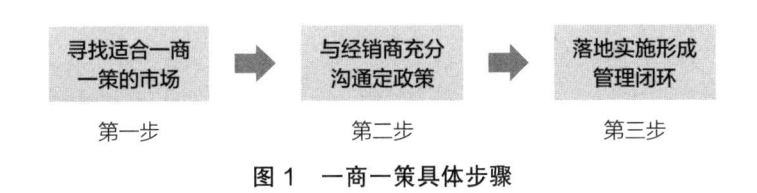

图1 一商一策具体步骤

2. 一商一策的具体执行分为六个步骤：

（1）初步筛选目标市场

这一步主要是初步筛选出可以实施一商一策的市场。首先你的产品得有一定的话语权，即有一定的经销商生意占比，否则经销商不会在意你的产品；其次，经销商要有一定的配合度，对产品较为认可；最后，找到有意义的市场，寻找那些增量比较迅猛的市场，否则花很多精力做这件事没任何意义。

（2）市场调研与诊断

这个步骤是比较重要的，详细的调研与诊断方法，笔者在本书第二章也有详细介绍。经营诊断是发掘机会的关键环节，它通常涉及两个核心层面：一是公司整体策略层面，二是具体区域实施层面。"一商一策"诊断重点聚焦于区域层面的深入分析与优化。公司层面，深入分析区域市场的整体增长态势、经销商的发展状况、门店的扩张情况及竞争格局的演变，通过洞察这些结构性的变化来捕捉潜在机会。而深入到区域层面，特别是针对经销商的市场诊断，则需要细致考察其销售收入、成本结构、毛利率以及生意份额占比，同时评估人员开支、仓储物流费用及财务成本等关键指标，以期在微观层面发现提升效率与效益的具体路径。这种"一商一策"的精细化分析方式，有助于我们更全面地理解渠道运营现状，并精准定位改善与增长的契机。

（3）与经销商充分沟通

与经销商沟通这一步也是比较重要的，目的在于看看经销商的想法。一商一策的实施者肯定是经销商，不可能完全不顾经销商的想法，另外，经销商也许会有一些自己不知道的市场信息，与经销商充分沟通，可以知道哪些政策能执行，哪些政策不能执行。和经销商沟通也是为了达成厂家与经销商一致目的的过程。

（4）制定适合当地经销商的政策

借鉴区域战略规划及联合生意计划，在制定一商一策政策时，首先需清晰界定业务发展方向，并据此设定具体的业务目标，包括整体销售目标及各产品线的细分目标。随后，明确年度或季度的工作重心，为不同类型的渠道量身定制业务策略。以快消品行业为例，涵盖了商超、餐饮、批零、烟酒及团购等多渠道策略，每个渠道都需根据其特性设计独特的推广与销售方案。同时，销售组织的架构与运作机制以及后端的管理支持策略也需同步规划，确保策略的有效执行。对于每项策略，我们都将明确其对销量增长的预期贡献，并设定具体的启动与完成时间表，以确保目标的可达性。

（5）向公司申请资源匹配

基于前期深入细致的渠道策略规划，为确保各项策略能够精准落地并有效驱动销量增长，可以向公司提出政策申请。请公司明确认可支持已确立的业务发展方向、整体销售目标及各产品线的具体目标。为确保策略执行的高效与成效，也可以申请建立定期的策略执行效果评估机制，对实施效果的客观评价，对经销商团队表现突出的团队及个人给予应有的奖励与表彰，以此激发经销商的积极性与创造力。

（6）落地执行与监管

为确保联合生意计划中的核心任务能够高效且落地执行，需对计划中的总体目标、重点工作及各项子策略（即具体策略）进行细致分解，明确季度、月度乃至一周的实施计划，并清晰界定每项任务的责任人及协助人员，以确保责任到人，协作顺畅。在执行过程中，可以实施严格的进度跟踪与管控机制，以一周为周期，定期更新计划的实际完成情况，及时反映执行过程中的难点、卡点问题。针对这些问题，迅速组织分析，提出具体的改善措施与解决方案，确保计划执行不受阻，持续推动各项任务向着既定目标稳步迈进。

通过这六个步骤，"一商一策"得以实施，用白酒企业的策略来讲，一商一策其实就是抓大商、扶好商、树优商。

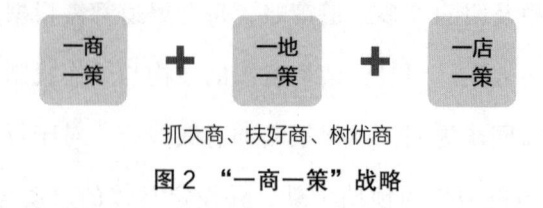

一商一策 + 一地一策 + 一店一策

抓大商、扶好商、树优商

图 2 "一商一策"战略

（二）精细化管理：经销商分级

经销商是一个独立的经济实体，因而有他自己的经营政策和经营方法。他首先考虑的是当地市场的需求及本企业的经济利益，经销商在产品销售上重视的是产品能满足各类顾客的需求，以获得更大的商业利润；生产企业需要经销商的支持，才能保证销售渠道的畅通，最终实现所生产的产品既快又多地到达消费者手中，获得相应的利润。生产企业要与客户结成长期、稳定、互相信任的合作伙伴，就要不断地协调两者之间的关系。

1. 经销商分级管理的目的和意义

根据经销商的销售业绩、市场覆盖、渠道管理等因素，对经销商进行分级管理，能够更好地优化企业与经销商之间的关系，提高管理效率。分级管理制度能够激励优秀经销商，同时对表现不佳的经销商进行帮扶，实现整体销售业绩的提升。通过分级管理制度，企业可以更好地掌握市场动态，调整销售策略，实现与市场的有效对接。

2. 经销商分级管理的预期效果

（1）提高企业对经销商的管理效率。通过对经销商进行分级管理，企业可以根据不同级别制定相应的管理措施，提高管理效率。

（2）提升销售业绩。分级管理制度能够激励优秀经销商，提高销售业绩，同时对表现不佳的经销商进行帮扶，实现整体销售业绩的提升。

（3）加强市场竞争力。通过与优秀经销商建立紧密的合作关系，企业可以更好地掌握市场动态，调整销售策略，提高市场竞争力。

（4）实现资源优化配置。通过对经销商进行分级管理，企业可以实现资源的优化配置，将更多的资源投入到优秀经销商身上，提高资源利用率。

3.经销商分级管理步骤

（1）收集数据：根据设定的分级标准，收集经销商的相关数据。

（2）数据分析：对收集到的数据进行整理和分析，确定经销商的级别。

（3）级别认定：根据数据分析结果，对经销商进行级别认定，并颁发相应的证书和标识

（4）定期评估：根据数据分析结果，对经销商进行级别认定，并颁发相应的证书和标识。

（5）动态管理：对经销商的分级实行动态管理，根据实际情况及时调整级别和优惠政策。

4.设定经销商分级的7个标准

选择经销商不是越大越好，而是需要全面考虑。不仅要考察他的资金实力，还要看他是否有强烈的合作意愿、商誉、口碑、终端网络、仓储配送、行销意识等综合指标。

表 1 经销商分级的 7 个标准

分级标准一：经销商实力认证				
资金实力	经营实力	人力	物力	渠道资源
整体资金规模：X 亿元以上 流动资金规模：X 千万以上	价位匹配：主营有 XX 元—XX 元终端价位段销售产品 渠道匹配：拥有成熟的 XX 渠道网络和自有优质团购资源	整体销售人员：20 人以上 我品专职销售人员：3 人左右 我品专职配送人员：2 人以上 后勤保障人员：财务、库管、配货人员 3 人以上	整体配送车辆：4 辆以上 我品配送车辆：1 辆以上	流通店渠道：本区域内合作网点不低于 xx 家，我品价位销售能力核心店不低于 xx 家 团购渠道：自身拥有团购系统 5 个以上，每个系统有 5 家左右团购单位，团购销量不低于 500 万元/年

分级标准二：经销商的行销意识			
	经销商产品销售状况		经销产品操作思路
	传统坐商 ×	新型行商 √	模糊 × / 清晰 √
	只对自身经销产品每月销量和净利润、年销量和总净利润了解	精细化到每月渠道销售占比，主副产品的操作思路，新老产品淘汰引进计划等	各阶段操作思路模糊，产品、渠道分类主次不清晰，无阶段性活动规划 / 有清晰的各阶段产品、促销渠道、促销活动规划操作思路

当地市场格局了解程度				营销需求支持	
价位段分布 了解 × 清楚 √	经销商分布 了解 × 清楚 √	渠道分布 了解 × 清楚 √	各渠道促销 了解 × 清楚 √	盲目需求 ×	针对性需求 √
各价位段产品、代表产品、市场容量、市场表现等是否了解	市场经销商分类是否了解，各价位段经销商代表是否清楚，经销商是否清楚	烟酒便利渠道、餐饮、商超、专卖店、团购、其他：经销商是否了解各渠道销售占比、销售类型、操作办法等	对各渠道、时间节点促销活动开展是否清晰；对本地市场渠道的促销活动了解程度	盲目追求厂家政策力度，追求利益	根据自身情况、渠道现状，能够提出有利于市场增量的合理化政策投入需求

100

续表

分级标准三：经销商市场能力

	经销商终端渠道运营能力					经销商团购销售能力		
	网点数量	销售占比	活动执行	价格管控	市场反映	业务关系	团购人力	开发规划	团购达成
经销产品									
无经销我品价位段其他竞品有经销	总经销售网点大于xx家，核心网点大于xx家	核心终端我品销售份额占比同价位段前2名	各阶段活动开展，执行过程及监督到位	能够及时发现、杜绝价格乱象，价格管控敏感度较强	终端店及消费者对产品、活动反应良好	与厂家沟通顺畅，终端良好的客情关系	专职团购人员：1人以上	每月有开发规划，任务分解	阶段性团购任务及时达成

分级标准四：经销商管理能力

资金管理	物流管理	人员制度管理	客户信息管理
有独立的财务系统，收支账目清晰	定期盘库，清晰的库存统计。财务、库管、配送人员分工明确终端配送时效性高	有效的岗位人员薪资业绩考核制度、日常管理制度、物流配送制度、货款回收制度等，人员能按照遵守	有详细的线下客户信息，其中包括（个人/关键人信息、进货信息、应收账款信息等）

分级标准五：经销商及合作伙人口碑

同行业口碑	终端渠道口碑
同行业内无窜货，乱价等不良信息记录	终端网点无欠账，返利扣留等不良反应

分级标准六：经销商的合作意向

评估现有经销商	开发经销商
1）了解厂家对我操作思路认同度，有无重大分歧。2）判断经销商市场动作执行是否到位，是否能够很好地配合厂家活动开展。3）综合以上五个标准，分析经销商情况，是否更换	1）经销商在接待厂家人员时的态度，分析经销商兴趣大小。2）经销商在谈判过程中对于合作细节的态度，客户越挑剔才越有合作的意向，持续跟进促成

续表

标准七：经销商评估打分表

评估项目	标准分值	计分规则
销售体量	10分	销售体量≥3,000万元，得10分； 销售体量≥1,000万元，得5分； 销售体量≥500万元，得3分； 销售体量<500万元，得0分
资金实力	20分	流动资金≥年度目标的200%，得20分； 流动资金≥年度目标的100%，得10分； 流动资金≥年度目标的50%，得5分； 流动资金<年度目标的50%，得0分
运营经验	10分	产品运营≥3年，得10分； 产品运营≥1年，得5分； 产品运营<1年，或无运作经验，得0分
年度目标	20分	年度目标≥300万元，得20分； 年度目标≥100万元，得10分； 年度目标≥50万元，得5分； 年度目标<50万元，得0分
网点数量	20分	核心终端数量≥50家，得20分； 核心终端数量≥20家，得10分； 核心终端数量≥5家，得5分； 核心终端数量<5家，得0分 备注：年度销量低于2万元（含）不计入核心终端

续表

团购资源	20 分	团购单位客户≥10家，得20分； 团购单位客户≥5家，得10分； 团购单位客户<5家，得5分； 无团购单位客户，得0分。 备注：年度采购低于10件（含）不计入团购单位客户
运营配合	综合项	主动运营意识较强，配合度较高，+10分； 主动运营意识一般，配合度较高，+5分； 主动运营意识较强，配合度一般，+0分； 主动运营意识一般，配合度一般，-10分； 经销动机有问题，不主动、不配合，-30分
市场管理	扣分项	低于红线价格销售发现1次扣5分； 费用虚假使用、活动执行弄虚作假，每通报1次，扣5分； 跨区域、跨渠道销售，每通报1次，扣10分

5. 对分级后的经销商实施高效管理

根据评估得分结果，对经销商进行分类分级，根据评分结果，可以分为重点商家、潜力商家、观察商家、淘汰商家四个等级。

表2 经销商分级评估表

评估分级		
得分	分类	分级
80分及以上	重点商家	★★★★★
60分~79分	潜力商家	★★★★
30分~59分	观察商家	★★★
29分及以下	淘汰商家	—

重点商家是企业运营的核心，聚焦资源倾斜投入，并享有公司年度评优资格；潜力商家是企业扶持对象，市级分公司需协助、指导商家对各项营销工作进行规划，并监督、配合各项工作落地，厂商共同发展；观察商家，市级分公司需向经销商明确工作的主要问题，要求经销商提出相应的调整和改进措施，并跟进落实；评估分数低于30分的商家，市级分公司需与商家进行深度沟通，愿意积极主动配合调整的，保留半年观察；不主动、不配合的，坚决淘汰，做好库存产品分流。

（三）竞争优势构建：样板市场打造

笔者曾经服务过一些企业，他们在打造样板市场的时候往往把样板市场做得"变了味"，变成了应付市场检查的"工具"。实际上我们在做样板市场的时候，应该选择那些具有可复制性、可落地性的市场，否则没有任何意义。

样板市场是指那些产品销售表现优秀，营销模式具备高度可复制性的代表性区域。这类市场在本地竞争中往往名列前茅，拥有强大的市场影响力和广泛的产品知名度。经销商不仅深刻领会企业的经营理念，全力配合企业实施各项营销推广策略。他们还能根据当地市场特点，灵活开展有效的市场拉动活动和品牌维护工作。

1. 样板市场打造的底层逻辑

打造样板市场本质上是一种聚焦思维，不仅仅是市场聚焦、产品聚焦，更多的是品牌聚集，聚焦推广渠道时间与空间，特别是前期费用资源有限的情况，聚焦更明显，单点突破很重要。

首先是聚焦的空间。比如品牌推广宣传投入到公交站牌，不是简简单单挑选位置比较好的地方，数量有了，但是区域太大，对于一个城市而言，曝光率基本为零。所以对于公交站牌广告更好的投放是以街为单位进行投放，选择人流量大的街道，集中投放画面广告。当你的广告全部集中在几条街道，那效果就不言而喻了。

其次就是聚焦的时间。投入画面是静态好还是动态好，通过对样板市场真实的画面投放调研与反馈，静态要比动态效果好。虽然动态表现的品牌形象更加有活力，有张力，但是要考虑消费者接触面和时间点的问题。在户外，消费者看到广告，很少有人长时间盯着某个大屏，大多是在空闲时间不经意看到，然后通过长期的品牌宣传频率，增强消费者认知深度，所以静态相比动态更加有效果。

2. 样板市场打造的几个维度

（1）终端店维度：终端建设的各个方面和注意的细节。

（2）品牌维度：广告媒介的选择与组合等。

（3）促销维度：促销形式及时间进度的安排。

（4）渠道运作及管理维度：渠道政策的制定、开发、维护、管理等。

（5）团队管理维度：团队建设、管理、培训、考核等。

（6）经销商维度：优秀的经销商市场操作方法，政策，思路。

（7）消费者培育维度：核心消费者的建立、服务、数据库建设等。

以上7个维度是样板市场打造经常会用到的，在企业打造样板市场的过程中，可以选择其中的一个维度，也可以选择多个维度，主要取决于企业打造样板市场的目的。例如，企业可以单独打造一个终端店的样板市场；也可以打造一个终端店+消费者培育+品牌推广的样板市场，可选性比较多样。

3.样板市场打造的步骤

（1）市场调研：明确市场规模、目标消费群体、竞品情况、渠道类型、经营状况、终端状况、媒体环境等。

（2）选择样板市场：根据市场调研结果，选择符合企业要求的样板市场。

（3）评估并确立准样板市场，需综合考虑动态与静态两类市场指标，通过全面分析这些关键指标，初步明确样板市场的定位。

（4）制定营销目标：为所选的样板市场量身定制营销计划，明确具体的营销目标、实施路径、预期完成时间及最终期望达成的成效。

（5）集中资源投入：将企业相当一部分市场资源、销售资源、人力物力资源集中投放于样板市场。

（6）评估与调整：对样板市场的运营成效进行全面评估，并依据评估反馈进行策略调整与优化，以确保持续高效的市场表现。

4.样板市场打造的要点

（1）在选择样板市场时，企业应着重考虑与自身实际情况相契合的市场，而非单纯追求市场规模或销量最大化。因为大规模市场往往伴随着更高的投入成本和更激烈的竞争环境，这反而会增加成功的难度。在选择样板市场时，应首先避开省会城市及经济高度发达的地区，转而关注地级市或县城。虽然省会城市的占领意味着对全省市场的巨大影响，但失败案例同样屡见不鲜。因此，选取的样板市场需具备战略价值，拥有一定的市场容量与发展潜力，并且最好已具备一定的市场基础，以便后续工作的顺利开展。

（2）样板市场打造，选择合适的经销商也是一个要点。经销商需具备高度的协同能力，确保能够紧密合作，共同达成既定目标，还要有"共赢共损"理念。经销商的选择应参考以下几点：

①资金实力，权重占比20%；

②网络状况，权重占比30%；

③配送能力，权重占比30%；

④合作意愿及经营思路，权重占比20%。

（3）及时总结。对于样板市场的成功操作经验，应及时进行总结，记录下所有有效的策略与实践。同时，要细致分析存在的不足与待改进之处，确保这些教训不在其他区域重复出现。总结经验的过程应以书面形式详细记录，并整理编纂成册，作为内部资料。这样一来，未来在其他地区推广和复制这些成功模式时，就能确保经验的准确传递与有效实施，最大化地利用样板市场的成功范例。

5. 解决经销商的信任问题

当经销商对样板市场有所了解但仍心存疑虑，担心自身能力不足以完全复制并成功运营该模式时，厂家应适时扮演专业指导的角色，深入开展对经销商的教育与培训工作。厂家需组织全面的培训活动，详细阐述样板模式的核心内容与操作步骤，更要深入剖析模式启动初期可能遭遇的挑战及对应的解决策略，这些策略应基于先前样板市场积累的经验。此外，邀请已成功运营样板市场的经销商分享实战经验，为样板模式"代言"，可以有效消除其他经销商的顾虑与抵触情绪。通过这一系列举措，强化经销商对样板市场的认知，使他们深切体会到样板市场的积极氛围，从而激发他们的参与热情与信心。

6. 制定贴合市场实际的策略与方案

成功的样板市场运营模式并非普遍适用的万能法则，鉴于我国市场的广阔性与多样性——从城乡差异、一二级市场至三四级市场的层级差异，再到沿海地区与内陆地区的显著区别，乃至同一级别市场内部（如上海与北京消费者行为的差异，江苏省内苏南与苏北地区消费习惯与能力的不同）的差别，均要求我们在复制样板市场时必须高度重视区域特性与实际情况。因此，应避免"教条主义"陷阱，而是要在深入总结样板市场成功经验的基础上，与目标市场的独特属性进行对比分析，量身定制一套贴合新市场环境的新策略，确保方案能够精准对接并激发新区域的市场潜力。

（四）招商的智慧

对于企业而言，经销商的选择至关重要，它直接关乎市场开发的效率与成败。在国内市场，经销商的质量往往决定了市场的表现，因此，选择合适的经销商是市场成功拓展的首要任务。草率的选择不仅会为后续的市场开发埋下无尽隐患，还可能导致高昂的代价：要么经销商缺乏积极性，致使市场推进缓慢；要么企业被迫在市场被不当操作破坏后，重新寻找经销商。因此，品牌在选择经销商时需要谨慎考虑，选择那些具备强大渠道资源、良好品牌形象、灵活销售策略、优质售后服务和强大竞争力的经销商作为合作伙伴。

1. 卓越经销商所具备的显著特质

（1）市场覆盖范围与渠道建设

优秀的经销商通常拥有广泛的市场覆盖范围和强大的渠道建设能力。他们能够有效地将产品推向目标市场，确保产品在各个销售点都能得到展示和销售。相比之下，质量较差的经销商可能缺乏足够的渠道资源，导致产品难以触达目标消费者，从而限制市场扩张和销量增长。

（2）品牌影响力与市场口碑

经销商的表现直接影响品牌在消费者心中的形象和口碑。优秀的经销商能够积极推广品牌，提升品牌形象，增强消费者对品牌的信任和忠诚度。如果经销商的服务质量差、销售策略不当或存在负面行为，可能会损害品牌形象，导致消费者流失和市场份额下降。

（3）销售策略与市场推广

出色的经销商往往拥有敏锐的市场洞察力与灵活多变的销售策略，能够迅速响应市场变化，适时调整销售方案，精准满足消费者的多元化需求。他们还会积极投入市场推广活动，如广告、促销等，以提高产品知名度和销量。而质量较差的经销商可能缺乏这些能力，导致销售效果不佳。

（4）售后服务与客户关系管理

售后服务是消费者体验的重要组成部分，也是衡量经销商质量的重要指标。优秀的经销商通常提供优质的售后服务，如快速响应消费者投诉、提供有效的解决方案等，以增加消费者满意度和忠诚度。客户关系管理能力也是经销商的重要素质之一。优秀的经销商擅长与客户建立良好关系，通过定期沟通深入了解客户需求，并提供定制化服务，增强客户忠诚度与黏性。

（5）市场竞争力与持续发展

经销商的竞争力直接影响品牌在市场中的地位和未来发展。优秀的经销商能够不断提升自身实力，如扩大销售网络、提升服务质量等，以应对激烈的市场竞争。如果经销商缺乏竞争力，可能会逐渐被市场淘汰，导致品牌失去重要的销售渠道和市场支持。

2. 寻找优质经销商的有效途径

（1）实地走访市场寻找经销商

企业一线销售人员可深入当地批发市场及终端店铺，实地拜访，通过观察与店面建立初步联系。在走访中，不仅可追溯同类产品的供货源头,还能全面收集经销商的各类信息。在甄选经销商时,应着重考察其信誉度、市场声誉及经营状态,确保合作稳健可靠。此外,对经销商按行业细分并实施分类管理,将有助于深化合作关系,促进业务持续增长。

(2)通过朋友介绍

通过同行或者朋友引荐,能更迅速地赢得经销商的信任。基于人情世故的考量,若企业产品利润诱人,被引荐的经销商通常愿意尝试销售该产品,此方法往往具有较高的成功率。

(3)开展招商会,产品上市发布会

通过招商会和上市发布会进行招商是一种高效且有效果的招商手段。这两种活动不仅能够吸引潜在经销商的注意,还能提升品牌形象,展示产品优势,为经销商提供深入了解企业和产品的机会。

(4)参加行业展会

行业展会通常汇聚了众多知名品牌,为参展商提供了一个展示产品、技术和品牌的平台。通过展会,经销商可以直观了解行业内的前沿资讯和趋势以及各品牌的产品特点和优势。展会现场提供了与品牌方直接沟通的机会,经销商可以详细了解加盟政策、产品特色、市场前景等关键信息。这种面对面的交流有助于企业更高效地比较和筛选合适的经销商。

(5)利用媒体招商

为精准招募目标经销商,可以选择社交媒体(微信、微博、抖音等)、新闻网站及行业论坛等多渠道媒体平台,构建媒体招商矩阵。制定详细的内容策略,涵盖图文、视频、直播等多种形式,确保内容贴合经销商的关注点且具吸引力。内容创作将聚焦招商项目优势、政策扶持及市场前景，注重创新与差异化，避免同质化。通过整合各平台资源，形成协同效应，确保招商信息全方位触达经销商，提升招商效率与成功率。

二、五个市场增长"妙计"

市场精细化管理是快消品企业在初期快速增长后，随着市场竞争日益激烈、消费者需求日益多元化，必然面临的一个发展阶段。这一阶段的到来，标志着企业需要从粗放式的市场拓展转向更加精细化、差异化的市场运营策略。本节概述的几个市场策略，是快消品企业在日常运营中频繁采用且行之有效的策略。

（一）资源高效配置：终端店分级

根据20/80原理，市场上80%的销量都是由20%的终端店产生的，抓住这20%的优质店，就抓住了市场80%的销量。因此，对终端小店进行分级分类管理有助于企业更有效地管理资源、优化销售策略、提升市场竞争力，并最终实现利润最大化。

1. 终端店分类分级管理的意义

（1）精细化资源配置

通过实施分类分级管理，企业能够深入分析每个终端店的需求、特性及发展潜力。促使企业依据各终端店的具体状况，高效配置人力资源、物资供应及资金投入，从而有效规避资源浪费，提升资源使用的效率。

（2）优化销售策略

分类分级管理使企业能够针对不同终端店制定差异化的销售策略。例如，对于高价值终端店，企业可以投入更多资源进行品牌宣传、促销活动等，以提升销售额和市场份额。对于低价值终端店，企业可以采取更为灵活的定价策略、产品组合等方式，吸引顾客，提升销售额。

（3）提升运营效率

分类分级管理有助于企业更好地掌握终端店的运营情况，及时发现并解决运营中的问题。企业可以根据终端店的分类和级别，制订相应的运营计划和目标，确保每个终端店都能达到最佳运营状态。

2.终端小店分级管理逻辑

通过将终端小店划分为三个合作层级，实施分级管理下的三级利益分配机制，企业能够精准识别并筛选优质终端，同时有效激发这些终端对品牌的关注及推广。此外，推行区域市场的联营体合作模式，可以拓宽终端客户的人脉资源网络，加速市场推广进程，显著提升企业资源投放的精准度与效率。

表3 终端小店合作层次表

合作层次	说明
第一层次合作	①客户筛选：广泛客户合作，具备终端小店特征即可，不限制客户数量。 ②合作关键点：陈列合作
第二层次合作	①客户筛选：在第一层合作的基础上，选择具有初步优势的客户，能满足并配合企业部分要求。 ②合作关键点：传播合作

续表

合作层次	说明
第三层次合作	①客户筛选：重点筛选，全方位合作。能满足并达到企业个性化合作要求，限量优质客户。 ②合作关键点：深度全方位合作

（1）第一层次陈列合作的关键点

选择核心终端店铺进行长期产品陈列，甚至采用买断货架形式，以稳固企业的品牌展示。各区域业务人员严格执行终端拜访标准，确保价格标签清晰明了，并按照集中、有序、最大化的原则优化商品陈列。同时，定期推出压货奖励活动，以保障终端陈列产品的充足供应，并推动形成标准化、引人注目的堆头展示效果。

第一级利益分配原则：仅享受标准价格体系、常规进货政策及统一促销活动扶持，同时获得月度返利支持。

（2）第二层次传播合作的关键点

与终端建立长期合作关系，持续维护并挖掘终端陈列空间，确保及时制作并展示宣传物料。通过将奖励费用与陈列费用整合，按月兑现，有效激发终端店主维护陈列的积极性。在保持主画面风格统一的基础上，根据各地终端店的特点进行创新性传播，灵活运用各种规格的宣传材料，实现全方位、精细化的市场渗透。

第二级利益分配原则：除享受标准价格体系、常规进货政策及统一促销活动支持外，符合条件的还可获得公司提供的陈列与广告宣传的对等投入支持。对于积极配合并执行公司特定陈列、广宣要求的，将额外获得相应奖励。同时，享受月度返利与季度返利双重支持，以进一步激励合作。

（3）第三层级合作：深度合作内容

在前两个合作层级的基础上，进一步深化合作，通过提供支持措施，有效利用终端店的人脉资源与网络渠道。采用渠道返利的方式，为终端提供利润补充，同时确保对整体价格体系的影响降到最低。此外，引入专用门头标志的制作与使用，将核心终端打造为品牌专卖店，以发挥其核心引领作用，带动整体市场发展。

第三级利益分配原则：除享受常规价格体系、进货政策及统一促销活动支持外，与公司签订战略联营协议并承诺达成特定销售目标的合作伙伴，还将额外获得个性化定制政策支持。这包括但不限于促销员派遣、店招设计支持、团购活动费用补贴、店面专场活动费用资助以及其他根据需求量身定制的费用支持。同时，合作伙伴还将享受月度返利、季度返利以及年度任务完成后的额外奖励，以全面激励合作深入与业绩增长。

3.终端店分级厂家和终端的责任划分

（1）厂方责任

①将合作终端视为战略合作伙伴，按照政策为其提供定期的月度与季度产品返利，并严格监督其价格体系的执行与维护。

②针对不同级别的客户，提供差异化的费用支持方案，其中核心战略客户将被优先考虑为活动的重点支持对象。为加强客情维护，定期为各级终端提供每月一次的产品支持，选用新产品或厂方当前主推的产品进行投放，以促进市场渗透与品牌忠诚度提升。

③以办事处为主导，可以对所有合作终端给予共同的产品开发政策。对合作终端定期开展业务人员和管理者培训。

④厂方负责招聘促销员，用于终端拜访与维护。

（1）终端的责任

①若终端店产品陈列达到第一层合作标准，则将享受第一层相应的标准待遇。

②第二层合作标准重点在于终端品牌形象的有效传播，要求合作伙伴必须严格遵守并积极配合企业的相关工作部署，否则将面临取消合作资格的后果。

③第三层合作级别为签订核心战略合作协议的伙伴，需承诺并协助拓展团购渠道，确保完成协议约定的销售量。合作伙伴将与办事处及经销商紧密协作，共同开展团购公关、品鉴会等活动，具体实施方案将依据各阶段计划而定。同时，赋予合作伙伴企业专场促销的主导权，并要求其全力配合系列专场促销活动的执行。

④必须严格遵守厂方设定的价格体系，在允许范围内进行合理浮动，严禁进行窜货行为。

4. 终端店分级管理要点

（1）建立合作终端资料库。

（2）每个月对合作终端进行销售量统计。

（3）制订每个月每个合作终端（包括连锁化终端）的销售指标，并制定奖励措施。

（4）定期检查，淘汰不合格的合作终端，纳入新成员。

（5）评估的标准就是出货量、连续三个月的指标完成情况、终端生动化陈列传播是否符合要求，对于销量表现较好的终端谈判纳入联营体系进行管理。

（二）守护市场繁荣：稳价之道

一个稳健且持续的价格体系能够有效延长产品的市场生命周期，为厂家、经销商及终端带来持久的盈利空间。正因如此，维护价格稳定成为企业营销战略中的核心要素，各方都高度重视。

1. 乱价带来的危害

（1）影响经销商积极性

区域市场的销量提升往往伴随着更广泛的影响力，但同时也意味着需要更大的投入来支撑不断扩大的市场规模。然而，一旦价格体系崩溃，利润空间急剧缩减，产品对于经销商而言便如同"鸡肋"，既缺乏足够的吸引力继续投入，又难以轻易割舍，陷入两难境地。

（2）影响终端销售的积极性

价格体系的混乱，使得市场上不断出现更低报价，导致终端对实际成交价格失去信心，进而降低了推荐产品的积极性。更为严重的是，这种价格无序竞争缩短了产品的生命周期，部分产品甚至在还未广泛流通市场、实现规模化销售时，就已黯然退场。

（3）影响厂家利益

厂家每推出一款产品，就如同培育一个孩子，从初创到成熟，倾注大量心血，期盼其能成长为盈利的产品。理想情况下，这些产品能在市场上活跃数年，为厂家带来丰厚回报后逐渐退出。然而，因为乱价有的产品如流星般短暂闪耀，刚开始贡献收益便销声匿迹；更有甚者，在产品精心培育接近成熟时,却未能如愿产生经济效益,遗憾退场。

2.产生乱价的原因

(1)企业外部因素

①市场供需关系失衡

供大于求时,经销商为去库存、回笼资金而降价,易引发降价的连锁反应,导致市场价跌。需大于供时,部分经销商可能囤积抬价,同时吸引新竞争者以低价入市,扰乱价格秩序,加剧乱价。

②经销商之间的恶性竞争

在市场竞争白热化的大环境下,经销商为了抢占更多的市场份额,往往会不惜采取低价倾销、发起价格战等激进手段,这些行为不仅会破坏正常的市场秩序,还会导致市场价格出现混乱,使得整个行业的利润空间严重压缩。

③电商平台的特性

电商平台上的信息流通速度非常快,价格信息透明,消费者可以轻松比较不同商家的价格。一些商家为了吸引消费者而不断降低价格,导致价格体系崩盘。

(2)企业内部因素

①规模返利和支付方式差异

在渠道管理中,由于采购规模大的客户往往能获得更高的返利比例,这使得大客户在价格上具备明显优势,容易引发市场乱价现象。同时,企业为鼓励现金交易,通常会对选择现金支付的客户提供一定比例的让利,这种支付方式的差异也进一步加剧了价格上的差异,为乱价行为提供了土壤。

②促销活动管理不当

年终或季末时，为冲刺销售任务，一些企业会采取各种促销手段，并将这些促销优惠以返利的形式给予客户，此举往往促使客户为了快速回笼资金而降低价格出货。同时，在价格调整前后，尤其是价格上涨前，若信息管控不严，部分经销商或个人会趁机囤积货物，待到价格上涨后再以较低价格出售，以谋取差价利润，这种行为同样加剧了市场的价格混乱。

③价格政策和激励机制不合理

企业在面临销售任务压力、上级责问、上游供货商压力及股市压力等多重挑战时，可能会出台一系列针对各级渠道的让利政策以缓解压力。然而，这些政策若在执行过程中操作不当，比如未能做到一视同仁，就会引发价格体系的不一致性。同样，激励机制的制定也需谨慎，过大的返利或奖励可能会诱使代理商、经销商为了追求更高的返利而采取压低价格的策略，进而破坏整个价格体系的稳定性，导致价格混乱。

④渠道管理和经销商管理问题

在多家经销商共同经销同一产品的市场环境中，为了争夺销量和市场份额，经销商之间可能会展开激烈的价格竞争，相互压低价格，从而导致整个价格体系陷入混乱。此外，某些企业的经营模式可能无意中鼓励了经销商的囤货行为，而当经销商面临库存积压、销售不畅的困境时，为了快速回笼资金，他们往往会选择低价抛售产品。同时，品牌方在经销商管理上的不足，如选择标准不严、培训缺失、监督不力等，也会使经销商缺乏规范经营的意识，容易发生乱价行为，进一步加剧了价格体系的混乱。

3. 如何稳定价格

（1）严厉打击市场窜货

市场窜货是破坏市场价格体系稳定的一大顽疾，各厂家均将严打窜货行为视为维护价格体系的关键举措。为有效打击窜货，厂家首要任务是制定一套明确且可执行的窜货管理规定，并确保所有经销商及业务人员对此了然于胸，做到有章可循。规定的制定需注重实操性，避免成为纸上谈兵；同时，要明确处理窜货的流程与责任主体，防止因流程缺失而导致相互推诿，确保问题发生后能迅速响应。更为关键的是，一旦窜货行为被确认，必须严格按照规定进行处理，绝不姑息。许多厂家在打击窜货上失败，往往源于处理不及时或内部关系干扰，导致规定形同虚设，助长了部分经销商的嚣张气焰。因此，严格执行规定，公正处理窜货，是维护市场价格体系稳定的必由之路。

（2）制定和执行合理的价格政策

许多厂家面临的一个挑战是，经销商往往倾向于给终端客户提供一步到位的价格，这种做法在产品进入成熟期后可能带来问题，即终端客户若降价销售或砸价，经销商因缺乏有效制约手段而陷入被动。为应对这一困境，厂家可引导经销商遵循公司既定的价格体系进行分销，并采取达量返利策略。具体而言，为终端客户提供一张卡片或销售记录本，详细记录每次进货数量，达到预设销量后即进行返利结算。此策略的关键在于附加条件：终端客户必须承诺不降价销售、不窜货，否则将扣除返利。此外，针对那些对价格体系影响较大或不太遵守市场规则的终端客户，经销商应主动与其签订协议，明确若其能按约定价格体系运营，则在一定期限后享受额外优惠政策，以此作为正向激励，促进价格体系的稳定与合规。

（3）对蓄意破坏市场价格秩序的客户严惩不贷

在市场运营过程中，若遇终端客户因对经销商不满或受竞品企业怂恿，蓄意干扰产品价格体系，经销商应迅速响应，立即终止对该客户的供货，并及时通报厂家，协调周边市场经销商共同抵制向此类客户供货。若该客户手中囤货较多，应通过合适渠道集中回收处理。同时，销售人员与经销商需保持高度警惕，一旦发现某些终端客户异常大量进货，超出其正常销售能力，应视为砸价或窜货的前兆，并据此合理调整供货量，预防潜在的市场风险。

（4）分解乱价的大客户

在市场运营初期，部分经销商因精力或资源有限，往往会依托销售能力强的二批商来开拓市场。然而，这种做法通常伴随着给予二批商较大的销售区域及专属的价格或政策优惠，这在一定程度上埋下了市场砸价和窜货的隐患。因此，随着产品步入成熟期，经销商需审时度势，着手对二批商体系进行拆分与细化，推动销售通路下沉，以强化自身对市场的直接掌控力，从而有效防范潜在的市场乱象。

（5）优化产品结构规避市场风险

为有效规避市场风险，除在稳定价格体系方面持续努力外，适时引入新品种或新品相产品同样至关重要。这一策略不仅能为终端客户提供新的利润增长点，确保其利益稳定，降低其转向竞品的可能性；同时，也能在产品的成熟阶段，为后续市场销量提供有力支撑，避免产品老化导致市场空白。此外，当成熟产品价格体系遭遇挑战时，新品种的及时介入还能作为替代选项，确保市场平稳过渡，维护市场格局的稳定。

（6）制定不乱价的促销活动

促销活动作为影响价格体系与终端利润的关键要素，要求经销商在实施时必须精准把握终端特性，开展有针对性的促销活动。良性的促销策略应聚焦于确保目标客户的产品陈列效果、库存管理的合理性以及客情关系的维护。明确这一点后，经销商应从深化终端控制着手，细致分析各终端的具体情况，量身定制促销方案。同时，加强对终端的日常巡查与客情维护，通过经销商与销售人员的频繁互动，确保促销活动的有效执行与终端市场的稳定。

（7）邻近市场统一价格政策

窜货问题的一大根源在于厂家或经销商在构建价格体系时，未能确保各区域市场间的价格一致性，从而诱发了窜货行为。此外，促销政策在不同市场的不均衡分配，也会导致产品从有促销政策的区域流向无促销政策的区域。为有效遏制这一现象，厂家应采取以下措施。首先，在制定价格时，需充分考虑邻近市场的价格协调性，力求实现价格体系的一致性；其次，在制定促销政策时，应尽量确保各区域市场的同步实施，或至少提前通知未执行促销政策的市场，以便其加强市场管理，积极防范窜货风险，从而维护整体市场秩序的稳定。

总体而言，维护和稳定成熟产品的渠道利润是一项艰巨的任务，它要求厂家在经销商、终端客户及业务员的管理上更加严格细致。这包括统一全国价格体系，确保销售政策对二批商及终端客户的科学性和严密性，加强对业务员的引导以及严格监控经销商、二批商和核心终端客户的产品流向。实际上，市场的繁荣不仅源于开拓，更在于精细管理。只有有效遏制价格波动，才能切实保障渠道客户的销售利润，进而延长成熟产品的市场生命周期，确保厂家与经销商的销售业绩稳健增长。

（三）新品上市突破全攻略

根据尼尔森的数据，仅有十分之一的新上市产品能在市场上取得成功。在过去两三年间，主流电商平台上，一个新品的成功率大约只有2%。这些数据表明，快消品新品的上市成功率不高，新品要想脱颖而出非常困难。但企业可以通过采取有效的市场上市策略，提高新品的上市成功率。要提升新品上市成功率，关键在于严格遵循科学规范的上市步骤。

1. 上市步骤一：广告预热市场

（1）这个步骤在新品上市的环节里不是必需环节，具体要根据企业的知名度、品牌力去判断分析。如果是新企业，知名度不高，可以考虑这个步骤，以提高新品上市成功率。反之如果是知名企业，有很高的知名度，则可以省略这个步骤，根据市场的实际情况具体分析。

（2）新品上市的核心策略之一在于巧妙借势，即利用一切能够吸引渠道与终端关注度的热点事件进行宣传推广。例如，借助节日的契机，企业可充分利用节日所带来的市场热度，开展一系列营销活动，以增强品牌影响力。具体措施包括在城区核心交汇点，如十字路口、繁华主干道、大型广场以及乡镇要道，设置门头广告、大型户外广告牌及道旗等实体宣传媒介，确保品牌信息在视觉层面实现高度曝光。

在实施这一广宣策略时，需特别注意以下几点关键要素：首先，投放节奏需精准把控，力求在短时间内实现集中且高强度的曝光（如一周内迅速铺设 50 家门头广告、竖立 2 块大型户外广告牌，并在两条主要街道悬挂醒目的道旗及广告灯），营造一种"瞬间席卷全城"的震撼效果，迅速锁定渠道与终端的注意力；其次，所有投放的广告主画面需保持高度统一，以简洁明了的视觉风格促进信息的快速传播与记忆；最后，投放位置的选择至关重要，必须确保位于人流密集、视线集中的区域，以最大化广告效果，确保品牌信息能够精准触达目标受众。

2. 步骤二：新品上市招商，搭建网络

（1）在新品上市前夕，业务经理应率先开展潜在经销商的意向与需求调研。基于此，特别诚邀有合作意向的经销商提前到达企业，共襄"新品上市财富盛会"。在此财富交流会上，企业高层将亲自登台，深入剖析行业最新动态、企业发展规划、新品市场定位、运作模式及销售策略，为经销商们奉上一场知识与机遇并重的盛宴。

（2）在上市分享会上，企业不仅要详尽阐述企业发展、产品特色及市场政策，更要紧抓时机，邀请有意向的经销商现场签约，以此增强其他潜在经销商的信心。会后，企业还需迅速行动，对意向经销商进行紧密跟进，高效构建经销网络，确保市场布局的快速成型。

3. 步骤三：上市铺货

（1）铺货要点一：准备足

①任何缺乏充分准备或准备不足的战役，其结果往往以失败告终。因此，在正式启动产品铺货之前，至关重要的是要深度挖掘并精准提炼

产品的独特卖点与吸引消费者的购买点；同时，需细致分析当前市场环境，对比同类竞争产品的市场表现，以精准定位新品的市场切入点与竞争优势。此外，还需对网络销售渠道进行全面评估，选择最契合且易于渗透的渠道作为突破口。

②设计合理的利润结构与价格体系，确保既能吸引消费者又能保障渠道各方的利益。制定详细的铺货策略，包括确定最佳的铺货时机、规划铺货的数量规模、对销售团队进行专业培训、明确铺货执行团队与物流支持的具体安排以及设计一套激励性强的薪资结构、补贴方案、提成比例乃至针对市场开发成效的奖励机制，以激发团队活力，确保铺货工作的顺利推进与高效执行。

（2）要点二：时间短

缺乏明确的时间规划，铺货活动往往会陷入低效、无序的状态，难以取得预期成效。因此，高效铺货的一个要点就是在短时间内迅速达成铺货目标。通常情况下，企业会设定50天的期限来完成初期的铺货任务。这一过程通常分为三个阶段：第一阶段为期25天，目标是实现60%的市场铺货；第二阶段持续15天，进一步完成15%的铺货；接下来的10天，再推进10%的铺货进度。至于剩余的15%，往往属于难以攻克的"钉子户"，需在后续的维护与开发中逐步解决。通过这三波紧凑有序的铺货行动，可以确保终端网点达到80%以上的铺货率。

（3）要点三：速度快

为了高效、迅速地开拓市场并实现铺货目标，企业应集中优势资源，包括人力、物力和财力全力推进。为应对铺货任务，企业可以从其他市场抽调精英，组建专门的铺货突击队来强化支援。总而言之，快速完成铺货是产品成功上市的关键前提。

（4）要点四：策略强

铺货策略至关重要，尤其是首战的胜利。若无恰当的铺货策略，团队将难以形成高效执行力，并可能因频繁受挫而士气低落。唯有策略与行动相匹配，团队才能保持高昂斗志，不断取得铺货胜利。在实际操作中，通常采用车销、市场突击队、陈列置换、免费品尝等多种铺货方式相结合的策略，以提高成功率。有些企业在铺货阶段倾向于采用成熟产品的访销分离模式，这种模式不仅效果欠佳、成交率低，还容易打击铺货团队的积极性，进而影响整体工作效率。

（5）要点五：网点正确

新品推广之所以失败，30%跟网点考核有关。众多新产品推广失利的主要原因在于仅设定了销量目标，却忽视了网点考核指标的制定。这种单一以销量为导向的要求，致使营销人员盲目追求销量，建立了大量低效或无效的网点，最终导致新产品上市失败。

（6）要点六：建立制度

为确保铺货工作的高效有序进行，须明确铺货的区域范围、行进路线、终端类型及数量，并指定具体的铺货负责人。同时，制定详细的铺货标准和要求以及配套的奖惩机制，并严格执行，以实现铺货工作的日常化、规范化和制度化。根据铺货计划，铺货团队须每日召开晨会，通报铺货进展并分配当日任务，确保责任到人。傍晚则召开总结会议，评估当日工作成效，提交铺货报表，并由督导组进行实地检查。对于关键客户和关键时刻，销售经理须亲自上阵，带领团队冲锋在前，以提振团队士气，确保铺货任务顺利完成。

（7）要点七：规范陈列标准

优质的陈列与生动的展示不仅能吸引消费者的目光，还能激发市场动能，使消费者和终端客户都能感受到新产品的蓬勃氛围。因此，明确产品陈列的标准，实现陈列效果的最大化和生动化至关重要。要确保产品在"第一眼"范围内就能看到的位置。在快消品销售中，通常采取"分层陈列"和"集中陈列"方式，并伴随铺货进程，将POP海报、X展架、产品手册、价签等终端宣传物料一并布置到位。同时，严格执行这些陈列要求，因为优秀的执行力是取得优异成果的关键。

（8）要点八：规范话术

在铺货推广过程中，采用统一的话术不仅能充分展现业务人员的专业素养，还能有效避免业务人员随意发挥、偏离主题。规范的话术应涵盖产品特性、政策优惠、市场操作策略以及如何助力客户提升销量等。特别是在介绍产品时，建议邀请客户现场品鉴，随后详细阐述所用原料的精选过程、独特工艺以及专家的高度评价等，以统一、专业的说辞增强说服力。

（9）要点九：客情关系很重要

在铺货过程中，业务员往往倾向于选择熟悉店铺，而对陌生店铺可能产生畏惧或回避心理，有时仅因一次受挫便选择放弃，这无形中导致了许多潜在有效终端的流失，限制了市场网络的拓展和占有率的提升。因此，业务员在铺货时，应充分利用已建立的良好客情关系作为示范，通过已成功进入的店铺来影响并吸引未合作店铺。同时，面对陌生店铺，业务员需勇于挑战，增加拜访频次，积极沟通，甚至通过为店主提供力所能及的帮助来建立联系，从而逐步扩大销售网络。还要主动增强客情，比如整理货架、打扫卫生、建议如何经营等，通过业务员的勤恳和执着来打动终端，从而实现顺利铺货，不要因为客户的一次拒绝而失去信心。

（10）要点十：集中人员

在铺货过程中，可以组建由多人构成的推广小组，采取团队协作方式进行铺货。利用团队人数众多的优势，通过铺货车队在街道上的巡游造势，吸引终端的注意力。同时，为确保铺货顺利进行，需对团队成员进行明确的任务分工，通过团队的紧密配合与协同作战，实现铺货目标。实现市场的高效铺货，关键在于持续培训以提升能力、严格把控计划执行、深入总结并改进不足、实施跟踪指导以确保方向正确以及不断应对并解决各类终端网点的差异化问题。

4. 步骤四：消费者促销活动

（1）消费者促销活动应与新品铺货同步推进，在此过程中，两大核心要素至关重要：一是精心策划奖品设置，吸引消费者参与；二是加大活动宣传力度，确保信息广泛传播。

（2）在设定奖品时，应着重提高中奖比例，建议每个箱子投放2个中奖机会为宜。中奖率过低难以激发消费者的参与热情，而中奖率过高又可能影响终端的销售积极性。通过采用连环中奖的机制，可以迅速点燃市场热情，实现市场的快速引爆。

（3）活动宣传的方式与内容需与消费者促销活动的节奏紧密配合，确保宣传效果最大化。

（4）在推进消费者促销活动的同时，面向终端开展奖卡收集兑换活动。例如，设定10张奖卡可兑换一瓶本品，充分调动终端的销售积极性，促进产品推广，通过推拉的有效结合，快速实现产品动销。

5. 步骤五：持续引爆市场

（1）在实施终端奖卡收集兑换活动的同时，对于新品销售表现优异的终端，应每月举办一次新品客情联谊抽奖活动，以进一步激励终端的销售热情。

（2）新品客情联谊抽奖活动中，奖项设置需精心策划：大奖应具备强大吸引力，以制造话题；小奖则广泛分布（确保中奖率超过50%），持续维持市场热度与消费者参与度。

（3）客情联谊抽奖活动结束后，若铺货网点尚未达到预期目标，可借助活动带来的终端热度与积极氛围，迅速启动新一轮的铺货行动，扩大市场覆盖。

6. 步骤六：保量店建设 + 整箱购买有礼

（1）对于新品而言，促销拉动不仅是一个冲击销量的关键动作，更是推动产品快速成长的重要手段。因此，在这一阶段，需更加注重推拉结合策略的有效运用。

（2）在推广方面，适量建设保量店是一种有效策略。然而，保量店建设往往面临价格不稳定的挑战。为将乱价影响降至最低，可采取以下三个措施：一是保量店统一由业务经理直接签约，同时将保量店签约与价格管控纳入当月各片区业务经理绩效考核；二是保量店的奖励采取暗返的形式；三是与终端签订保密协议，严格要求终端政策不外泄；按照厂家指导价进行销售，一旦违反上诉两条中的任何一条规定，取消年终奖励，严格执行，绝不姑息。

（3）在拉动的方面，针对消费者开展整箱购买有礼活动，奖品要求简单、实用，例如羊年的时候整箱购买赠送大金羊、台历或年画等。

（四）资源聚焦：市场分级

市场分级是指依据各地区经济发展水平、消费能力及市场需求等因素，将市场细分为不同层级的一种策略。这种细分方式能够帮助企业更精准地把握各市场特性，从而制定出贴合实际的营销策略，有效优化资源配置，并显著提升其在市场中的竞争力。同时，不同级别市场之间的相互补充和协同发展，有助于企业实现全国范围内的市场拓展和规模扩张。此外，随着市场环境的变化和消费升级，分级市场的划分和定位也需要不断调整和优化。

1. 市场分级主要模型：波士顿矩阵

波士顿矩阵，亦称四象限分析法或产品组合管理工具，是一个在商业策略规划与市场分析中广泛应用的强大模型。它通过评估产品的市场增长率和相对市场份额，将产品划分为不同的战略象限，其中"现金牛"和"瘦狗"便是这一分析法的标志性术语，直观揭示了产品所处的市场地位及其对企业资源分配的战略意义。

该工具认为分析市场的基本因素有两个：即市场增长率与市场占有率。市场增长率与市场占有率，两者相辅相成，共同勾勒出区域市场的竞争格局。简言之，销售增长率的强劲与高市场占有率，相互映衬出市场的蓬勃生机及企业的卓越市场开拓能力，彰显企业实力非凡；若市场潜力虽大，但企业市场占有率不高，则暗示企业实力尚待提升，市场难以顺利拓展。反之，企业实力雄厚，却身处潜力有限的市场，往往预示着市场发展前景不容乐观。

2. 增长率—相对市场份额分析模型（见图3）

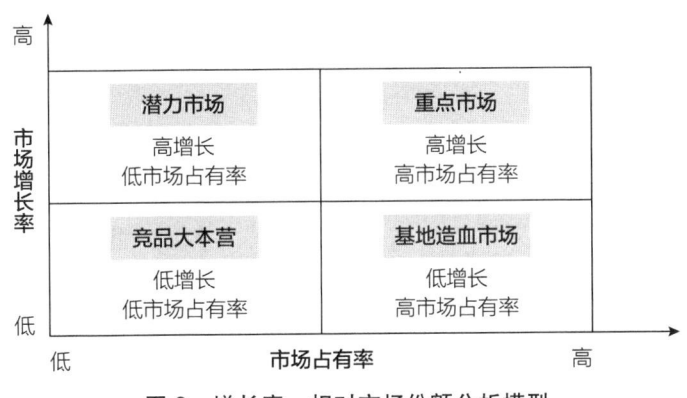

图3 增长率—相对市场份额分析模型

利用该模型把市场分为四种类型，不同市场可以采取不同的竞争策略。

（1）重点市场：当市场展现出高增长态势，并且企业已占据高市场份额时，标志着该市场正处于蓬勃发展的成长期，且其成长速度很迅猛。此时，企业应把握机遇，加大投资力度，积极扩张规模，以推动业务持续快速增长，稳固并扩大市场领先地位。

（2）基地造血市场：在低增长且高市场占有率的市场环境中，通常意味着该市场已进入成熟期，增长步伐放缓，但由于其庞大的市场基数，它成为企业稳定的现金流来源，为其他新兴市场的开拓提供资金支持。此时，企业的战略重心应转向稳固现有市场份额，通过精细化运营提升效率，同时保持对市场动态的敏锐洞察，采取防御策略有效应对竞争对手的挑战，而无需大规模的投资扩张。

（3）潜力市场：面对高增长但低市场占有率的市场，通常预示着该市场正处于新兴或快速发展阶段，蕴含着巨大的潜力与机遇。企业应深入分析市场份额较低的原因，针对性地制定改进措施，同时果断加大投资力度，积极提升产品与服务，以迅速扩大市场份额。通过这一系列战略举措，将此类市场培育成企业未来的重点增长点，实现长期发展的战略布局。

（4）竞品大本营：在低增长且低市场占有率的市场情境下，往往意味着该市场已被竞争对手牢牢占据，成为其大本营。我方产品在此难以打开局面，也难以有效提振市场增长。在此情况下，企业应理性评估，考虑战略撤退，即放弃该市场，将资源集中于更具潜力的市场，以实现更高效的资源配置和更优的整体市场表现。

3. 绘制散点图

（1）结合公司数据绘制

企业可以结合自己公司的系统，依据市场的增长率、市场占有率绘制散点图，即可得到市场分级分析图。

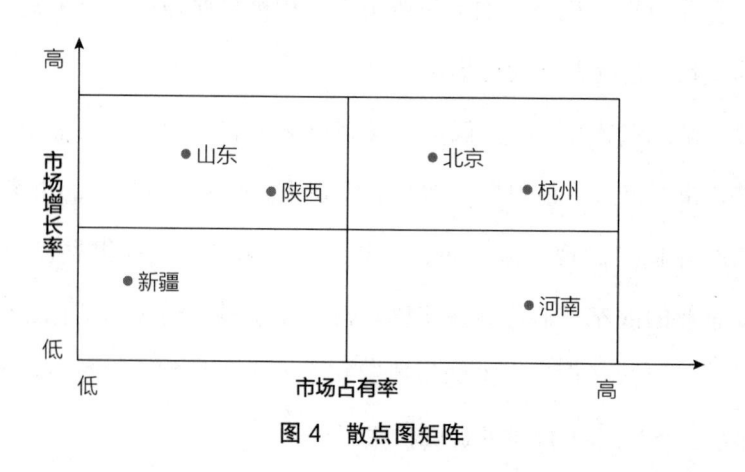

图 4 散点图矩阵

（2）散点图分析

①成功的月牙：盈利大的市场不止一个，而且这些市场的销售收入都很大，还有不少重点市场，问题市场很少。

②失败的黑洞：如果在"基地造血"象限里没有市场，就可以用一个黑球表示，在这点企业没有任何盈利大的市场，市场结构问题严重。

③东北方向集中：一个企业的市场越是集中于东北方向，说明重点市场越多发展越有潜力；越集中于西南角，市场结构衰退越明显。

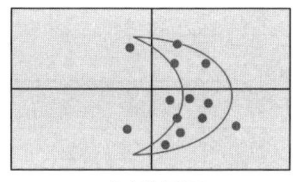

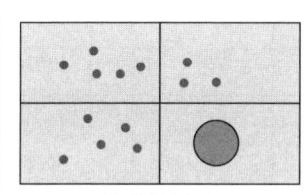

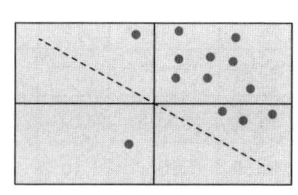

成功的月牙　　　失败的黑洞　　　东北方向集中

图 5　矩阵散点分析图

需要注意的是，增长率—相对市场份额分析模型得到的只是一个重要参考，并非最终分级结果。得到最终分级结果还要结合企业实际的情况、市场的实际情况，制定相应的参考维度，进行评估。例如有些市场是空白市场，竞品未进入，我品也未进入，这时候市场占有率和增长率都是未知数，就不能把这个市场定义为没有潜力的市场。

（3）制作市场分级评估表

企业可以结合自己产品特点、市场特点制定出适合自己企业的市场分级评分表。例如某企业根据销售贡献、市场行政级别、板块优势、经济环境、人口、口感适应等几个维度制作市场分级评估表。

表4 某企业市场分级评估表

内容	销售贡献 金额	销售贡献 得分	重要性 得分	行政级别	板块优势	经济环境	人口	口感适应
青州	27,616.3	22	14	1	5	2	2	4
潍坊	8,340.6	21	16	2	4	3	4	3
昌邑	860.4	13	8	1	2	1	2	2
安丘	679.1	11	5	1	1	1	1	1
昌乐	3,853.9	20	12	1	3	2	3	3
临朐	2,230.2	19	10	1	2	2	3	2
寿光	1,715.6	18	10	1	2	2	3	2
高密	1,323.4	17	9	1	2	2	2	2
诸城	663.8	10	8	1	1	2	2	2
临淄	1,202.1	16	9	1	2	2	2	2
淄博	1,097	14	12	2	2	3	3	2

结合分析模型以及企业实际情况，可以得出企业的市场分级。

表5 某企业市场分级

市场级别	内容	市场名称
一级	战略市场/样板市场/核心市场/根据地市场	青州/潍坊/昌乐/淄博/济南/青岛
二级	重点市场/机会市场等	寿光/诸城/高密/昌邑
三级	普通市场	德州/菏泽/东营/日照/济宁/临沂/滨州/烟台/安丘
其他	其他市场	省外市场
备注		

市场分级并非绝对固定，而应依据企业的实际情况灵活确定。一旦市场分级制定完成，企业便可依据这些级别来制定相应的市场策略。

（五）不乱价的促销策略

众所周知，促销活动在快消品销售中有着举足轻重的地位。然而，许多品牌和经销商却常因促销活动而陷入困境：要么过度依赖，导致无促销不销售；要么活动频繁且力度失控，引发市场价格混乱。因此，如何科学合理地设计促销活动，成为亟待解决的问题。

1. 促销设计4原则

（1）一是活动的对象要准确

习惯于大流通运作模式的品牌，在策划促销活动时，往往首先聚焦于分销商，因其能快速带动资金回笼。然而，这种策略常因忽略分销商的"群体特性"——即依赖固定流动资金、追求小幅稳定盈利与快速商品周转而导致长期隐患。大幅度面向分销商的促销虽能迅速见效，却也容易使市场价格迅速透明化。原因在于，品牌让渡的丰厚优惠往往被分销商转化为价格战的工具，以牺牲长期利益换取短期销量。因此，科学的促销活动设计应拓宽视野，深入考虑销售终端与消费者的实际需求与激励机制，以实现更持久、更健康的销售增长。

（2）二是活动的目标要适当

当前，许多品牌在策划促销活动时往往陷入"为活动而活动"的盲目状态，缺乏明确的目标导向。在策划活动时可以借鉴一些大品牌成功的经验，对活动目标进行理性设定与细致规划。首先，应确保活动目标预期既具挑战性又切实可行，避免设定过高而不切实际的目标。其次，活动目标需细化分解，全面考量活动对渠道各参与方可能产生的影响，以确保活动策略既能激发各方积极性，又能维护渠道生态的平衡与健康发展。

（3）三是活动的形式要多样化

随货搭赠作为一种普遍且高效的促销手段，尽管广受欢迎，但其执行方式往往较为粗放。在应用随货搭赠时，品牌需谨慎控制搭赠的幅度，避免对产品价格体系造成不利影响。除此之外，利用数字化开展活动（反向红包激励），为促销策略提供了新的思路。这类方式不仅与促销活动紧密相连，更将品牌的渠道利益让渡与渠道建设有机融合，实现了渠道激励与渠道发展投入的双重效益，为品牌的长远发展奠定了坚实的基础。

（4）四是活动的幅度、频次要"小幅度、多频次"

针对成熟产品，促销活动的规划应更加精细与灵活。我们可以根据市场情况，为多个活动对象量身定制促销策略。为维护价格体系的稳定，活动设计的优惠幅度需谨慎，采取"小幅度、精细化"的原则。同时，为确保各渠道环节的积极性与参与度，可通过"多频次、差异化"的策略，针对不同活动对象分别规划活动，以实现全面激励与均衡发展的目标。

2.巧妙地设计促销活动防止乱价

业内常说"不促不销"。如果产品不促销，渠道或终端就不会主动进货，促销是企业推动销售的必要功课。而巧妙设计促销活动可以防止乱价现象，需要综合考虑促销活动的目标、对象、形式及幅度等多个方面。下面列举市场上常见的促销方式。

（1）本品买赠

此类促销方式属于基础且常见的营销手段，例如采取"买百赠五"

"买十赠一"等优惠措施。通常，产品市场动销力越弱，为促进销售，厂家往往会加大促销力度。这种促销多针对非畅销但主推的产品，通过压货方式增加终端库存，进而推动产品销售。在实际营销实践中，终端进货量常被作为厂家产品推广成效的关键考核指标。然而，该促销手段存在方式单一、易引发折价的问题。若终端销售不畅，可能会出现低价倾销现象，这不仅会扰乱产品价格体系，还可能加速产品生命周期的终结。因此，采用此类促销手段需满足一定前提：产品需有强有力的市场推广支持，以确保终端销售能够快速分流；同时，厂家需对终端售点实施严格管理，依据促销明细表设定合理的限购套数，防止过度促销导致产品"促死"。

（2）新品搭赠

产品搭赠策略，通常涉及将畅销产品与滞销产品或新产品进行组合搭赠。其核心目的在于既不干扰畅销产品的正常销售，又能有效促进滞销品或新产品的市场渗透，降低终端网点的铺货难度，并激励终端加大对这些产品的推广力度。此策略的成功实施，往往基于几个关键条件：畅销产品需拥有高消费者自点率和品牌在当地市场的强大影响力，这样终端才会愿意承担额外的进货或销售压力，接纳并积极推广滞销品或新产品。否则，缺乏这些条件的支撑，终端可能因担心增加经营风险而拒绝接受搭赠产品。

（3）产品组合促销

产品组合促销是一种将市场需求与企业战略目标紧密结合的营销策略。以某饮料品牌为例，其主流消费价位集中在3元、4元 及5元这三个价格区间。当前，品牌在3元价位段的市场表现强劲，需求旺盛，但企业面临着价格带升级与品牌提升的挑战，在不牺牲销量的前提下实现转型。为此，企业巧妙设计了产品组合：3元产品约占分销比例的50%，作为稳定销量、抵御竞争对手的产品；4元产品占比约5%，作为价格升级的初步尝试；5元产品则占比20%，是企业重点推广的对象，旨在通过这一更高价位段的产品来提升品牌形象与盈利能力。尽管3元产品不直接贡献高额毛利，但其对销量的拉动和对竞品的压制作用不可忽视，为4元、5元价位产品的推广奠定了坚基础。

（4）实物赠送

长期频繁的产品促销容易让终端产生疲劳感，为此，厂家在保障渠道促销力度不减的前提下，可以灵活调整促销策略，引入多样化的促销方式。例如，推出"买10件新品赠空调被一件""一次性进货50件即赠手机一部""累计销售达到一定数量即赠三轮车一辆"等富有吸引力的促销活动。在实际执行过程中，选择大米、色拉油等与日常生活紧密相关、易于变现的赠品，受到了终端的广泛欢迎，有效提升了促销效果。然而，这也带来了一个潜在问题：终端倾向于将赠品价值折算进产品价格中，从而在一定程度上导致了产品实际销售价格的降低。

（5）现金返还

现金返还是一种对终端极具吸引力的促销方式，其操作方式通常是在终端一次性进货达到特定数量（如5件）时，直接在货款中扣除一定金额（如100元）作为现金返还。然而，需要注意的是，这种促销手段不宜与单品组合促销同时使用，因为这样做可能会诱使部分终端通过降低零售价格来吸引消费者，从而扰乱市场价格体系，对产品的长期销售造成不利影响。促销活动的核心在于促进销量增长，进而实现利润最大化。然而，需要明确的是，这类直接返现的促销手段更应被视为一种即时性的市场冲击策略，而非长期依赖的常规手段。频繁采用此类促销不仅会导致终端对其他促销形式失去兴趣，产生"促销疲劳"，长期过度使用还可能会为未来的促销活动设置障碍，降低促销效果。因此，应审慎、适时地运用此类促销手段，确保其短期冲击效果与长期市场健康发展的平衡。

（6）现金+实物的奖励

当产品市场动销力较弱时，单纯采用实物奖励可能难以有效激发终端的接货热情；直接现金奖励，又可能被视为降价促销，进而引发终端零售价格的下滑。基于这些考量，一些企业倾向于采用"现金+实物"的复合奖励模式进行渠道促销，以更全面地调动终端的积极性。在具体操作中，企业会为现金奖励赋予一个合理的名目或理由，例如，对于一次性进货20件、单价40元/件的产品，提供200元作为促销员的工资或房租补贴，并额外搭赠1件产品，以此组合方式增强终端客户的吸引力，促使其积极接货与销售。

（7）回收箱皮

为了进一步提振销售，部分厂家采用了现金回收空箱的激励机制，激发终端的销售积极性。特别是在产品畅销但终端利润偏薄的情况下，此策略能有效防止终端销售热情减退。通过回收空箱，厂家为终端提供了额外的利润来源，确保了其销售动力。同样，在新品上市初期，若新品利润空间相较于竞品不占优势，难以激发终端的推销热情，厂家亦可通过回收空箱的方式，为终端增添利润点，提升其主推新品的积极性。随着产品逐渐获得消费者认可，厂家可适时调整策略，逐步减少回收空箱的力度，以实现市场稳健发展。

(8) 产品陈列奖励

为了有效提升产品形象，增加顾客购买机会，各品牌纷纷展开激烈竞争，争夺产品陈列的黄金位置和更大面积的集中展示空间。厂家通常会根据终端是否按照其陈列要求进行摆放，每月提供几十元至几百元不等的陈列奖励（现金或实物，其中现金更具吸引力）。同时，厂家会安排终端市场人员进行抽查，对于违反陈列规定的终端，将可能取消其当月奖励资格。更进一步地，有些厂家将陈列奖励与销量直接挂钩，设置了陈列与销量双重考核指标，实行分级奖励制度。例如，基础陈列费用为每月 100 元，若终端在规定时间内完成既定销售额，则额外增加 200 元陈列费用；若销售额超额完成，额外陈列费用将进一步提高，以此激励终端同时提升陈列效果与销售业绩。

(9) 生动化支持

企业为了深入进行品牌宣传，确保促销信息有效传递，会采取一系列措施来美化终端环境，包括制作店招/门头、店内 KT 板、POP 广告、灯箱、海报、灯笼、价格签以及店内外堆箱展示等。这些美化工作既可能是年度性的全面生动化布置，也可能是针对特定时期的阶段性生动化安排。只要终端能够按照公司的标准执行这些美化措施，企业就会提供相应的资金奖励，以激励终端积极参与并维护品牌形象。

(10) 专职促销员

设立专职促销人员，在终端门店直接面向目标消费群体进行产品宣传、推介及品牌推广活动。此策略的核心在于精心设计专业且吸引人的产品介绍语和卖点阐述，同时制定有效的品牌推广话术。此外，还需重视促销人员的推销技能培训与临场应变能力提升，以确保他们能够高效、灵活地与目标顾客沟通，最大化促销效果。

（11）大客户费用支持

许多企业为深化与销售大客户的合作，会在双方达成合作协议的基础上，为终端提供全方位的促销支持，包括但不限于促销人员配备、房租补贴、水电费用减免及人员工资资助等。企业会根据终端设定的销售任务阶梯及实际完成情况，灵活调整支持比例，以此充分激发终端的销售积极性和合作意愿，实现双方共赢。

（12）产品包量奖励

由于区域内各终端网点的销售能力存在差异，其销售业绩往往呈现显著的不均衡状态。为了进一步增强优秀客户的盈利能力，激发其主动推广和销售热情，同时激励其他客户提升销售水平，可以采取综合激励措施。这包括常规的政策支持、基于包量任务完成的阶梯式奖励以及超额完成时的模糊奖励机制，旨在全面调动和维护终端网点的销售积极性与规范性。在当前厂家普遍追求销量最大化的市场环境下，能够规范且有效实施这一系列策略的，多为在区域市场中占据强势地位的品牌。

（13）累计销售奖励

为确保产品销售的持续增长，并缓解客户一次性大量进货的压力，企业可以在一定期限内实施产品销售累计奖励机制。具体而言，当客户的产品销售累计金额达到既定标准时，将获得相应点数的奖励，这些奖励可以直接抵扣下次进货的货款或兑换同等价值的产品。若未达到累计金额标准，则不享受此奖励；若超额完成，客户将享受更高点数的奖励，以此激励客户积极销售，促进产品市场的持续繁荣。

(14) 任务完成率奖励

销售任务完成激励是厂家为激发终端积极推广其产品而设定的一种价格补贴机制，该机制在运行前即明确三个关键要素：一是设定具体的销售时间框架，二是确定需达成的货品销售量目标，三是根据不同完成情况预设奖励梯度。此激励方案旨在鼓励终端在限定时间内最大化销售数量，任务完成得越出色，获得的奖励越丰厚；反之，奖励则相应减少，甚至可能无奖励可享。

(15) 销售排名奖励

销售排名奖励通常分为两种形式：阶段性销售竞赛排名与年度销售排名。在阶段性销售竞赛中，根据销售业绩进行排名，并对应不同的实物奖励。例如，月度销售排名前三的客户可分别获得高端智能手机、洗衣机和微波炉等奖品。而年度销售排名则是对全年表现优异的销售客户进行额外嘉奖，除合同约定的常规奖励外，还会提供豪华旅游、高端电器、现金等丰厚奖励。对于贡献特别突出的客户，厂家可提供配送车辆供其免费使用，车辆所有权归厂家所有，使用权则交给客户。

(16) 返利组合奖励

为有效管理客户、规避销售风险、打击窜货行为，并确保客户严格遵守协议条款，厂家可以采取多元化组合返利策略，包括明返、暗返、过程返利、品类销售返利及整体销量返利等。明返即厂家明确规定的奖励政策，标准清晰；暗返奖励标准相对模糊，但工作要求具体明确。过程返利侧重于销售过程中的各项指标，如铺货率、市场占有率、合理库存率、回款率、价格政策执行度及新产品推广与促销活动配合度等，均与返利政策紧密挂钩。

（17）品类销售奖励

品类销售返利是厂家为激励渠道主推特定品类产品而设，目的是平衡各品类销售，避免渠道仅聚焦于畅销品而忽视其他产品。在返利兑现上，厂家倾向于以实物为主，现金为辅，实物返利涵盖生活用品、境外旅游、经营提升工具（如电脑、交通工具）及培训学习等，全方位支持渠道发展，提升其综合竞争力。

（18）销售季节奖励

销售季节奖励是厂家采用的一种策略，目的是鼓励经销商或核心大客户在销售淡季时积极囤货，助力厂家抢占市场份额或提升销量，从而有效抵御竞争对手的潜在威胁。为此，厂家在常规促销政策之外，可以设置淡季储货奖励机制。奖励的幅度会根据季节的变化而灵活调整：在淡季时，奖励力度较大，以吸引经销商和大客户增加库存；随着旺季的临近，奖励幅度则逐渐降低，以此策略性地引导经销商和核心大户在淡季时多压货，为旺季销售做好充分准备。

（19）回款速度奖励

针对核心大客户进货量大、销售表现佳但易出现欠款的问题，厂家除常规催款措施外，可以在特定时点推出回款加速政策，以激励客户加快回款速度。该政策基于回款时间的快慢给予不同奖励：若客户在成交后10天内以现金付款，可享受3%的额外奖励；超过10天的付款，除按正常流程结算外，还需支付相应利息。以此促使终端积极、及时地回款。

（20）付款方式奖励

付款方式奖励通常涉及延期付款、分期付款或压批付款等灵活支付方式。在此机制下，客户可先进货，厂家则提供一定的信用额度，允许客户延期支付货款，或采取分期付款方式，或采取压批付款模式。这样的安排旨在缓解部分商家可能面临的资金周转难题，同时作为吸引更多经销商与大客户积极进货和销售的有效策略，促进双方合作共赢。

（21）客户授牌奖励

对于销售实力非常强、销售量比较大的经销商或终端客户来说，为了提高其对企业的忠诚度及荣誉感，不仅要物质奖励还要给予显性的荣誉奖励，诸如授予"XX年度销售状元""XX年市场开拓状元""XX年度市场增长率状元"等称号。对于客户而言，物质奖励和精神鼓励同样需要，授予这样的奖励也是对客户销售的认可，同时也刺激了其他客户。

（22）平台提升奖励

为了深化与下游客户的合作关系，厂家可以采取一系列创新举措。他们通过向客户授予一定股份，增强客户的归属感和主人翁意识，从而构建起与厂家紧密相连的一体化联盟。此外，厂家还可以积极促进合作模式的升级，如推动二批商向区域经销商转变，或助力小区域经销商拓展至跨区域经营，以此实现更深层次、更广泛的合作共赢。

第五章

渠道运营与管理

在快消品行业，尽管线上购物日益普及，线下渠道依然占据着举足轻重的地位。近年来，快消品行业重回线下，线下渠道的占比依然保持在 70% 以上。这主要是因为快消品作为日常生活中的高频消费品类，消费者往往更倾向于在实体店进行即时选购，以满足即时需求和享受即刻使用的便利。线下渠道，包括超市、便利店、零售店及各类专业市场，不仅为消费者提供了直观的产品体验和即买即走的购物便捷性，还通过丰富的商品陈列、现场促销活动和面对面的服务，增强了消费者的购买意愿和品牌忠诚度。因此，线下渠道对于快消品行业而言，依然是不可或缺的重要销售阵地，其价值和影响力依然显著，在未来很长一段时间，线下渠道仍将是快消品企业的主要战场。

对于快消品行业的区域主管或者城市经理来说，其核心价值也在于不断地提升线下渠道的市场表现。如果现在的快消品销售主管做销售的方法还只是停留在压货给经销商，不关注渠道、不关注动销，那这样的主管必将被时代抛弃。区域市场主管要想精耕市场，绕不开快消品的几个主流渠道：传统渠道、餐饮渠道、团购渠道、商超渠道、特殊渠道，等等。这几个渠道的特点、运营方法不相同，销售的产品也不相同。只有更深入地了解和学习它们，才能使自己有更多的市场提升的思路，让管理水平更上一个台阶。除了这几个主要线下渠道，还有一个电商渠道也必须学习与了解，尤其要学习如何平衡电商渠道与线下渠道的关系。笔者在服务客户的时候，经常会碰到线下渠道的团队，投诉自己公司内部的电商团队，因为电商渠道价格没有掌控好，对线下渠道造成了冲击。

本章内容涵盖了传统渠道、餐饮渠道、团购渠道、商超渠道及电商渠道五大销售渠道的运营与管理。各章节分别阐述了各渠道的特点、运作流程、市场调研、客户管理、销售促进及客情维护等。针对各渠道的操作运营要点进行了详细论述：传统渠道强调铺货进店与拜访维护；餐饮渠道重视产品推介与终端分级；团购渠道关注客户筛选与公关策略；商超渠道注重商超资信与合作谈判；电商渠道则突出平台选择与价格体系管理。整体而言，本章内容提供了全面的渠道运营与管理技巧，希望能给读者带来帮助。

一、传统渠道运营与管理

传统渠道在每个公司的称呼和叫法都不一样，常见的叫法有"终端小店""便利店""夫妻店""士多店"等，它指的是那些营业面积在80平米左右，以香烟、食品、酒、饮料为主，通常位于居民区、学校、办公区等人流密集的地方，以满足消费者即时性、便利性购物需求为主要目的的一种零售业态。

（一）特点与开发流程

1.传统渠道特点

（1）特点一：在进货时往往倾向于关注眼前的利益，比较哪个厂家提供的奖励更高、赠品更丰富或者实物配比更实惠。一旦进货，他们通常相信这些商品都能够顺利销售出去。

（2）特点二：忠诚度低，利润和消费风向决定进货只要店主主推，销量都会比较可观。

（3）特点三：对于夫妻店或亲属经营的店铺而言，他们更倾向于保持经营的私密性，避免外人过多介入。一旦与他们建立起良好的客情关系，将能显著提高店主对产品的关注度，提升产品的主动推介率。

2.传统渠道运作流程（图1）：

摸排调研 ➡ 目标店选择 ➡ 铺货进店 ➡ 拜访维护

图1　传统渠道运作流程

（二）摸排与目标店铺选择

1.摸排调研

调研目的：深入了解目标区域的终端分布情况、特点、数量规模、质量状况、消费水平、市场竞争态势以及合作方式，为终端市场的有效开发提供全面而精准的依据。

调研内容：

(1) 终端总体情况

终端调研信息来源主要依托行业报告、二手数据资料、访谈经销商、二级批发商以及行业协会等多渠道获取，以确保分析的全面性和准确性，以下为几个主要调研维度。

①终端总数量：通过评估该区域内所有终端的总数量，可以对该区的终端发达程度进行有效判断。

②分类终端数量：依据渠道类型、规模和质量等因素，对所有终端进行分类，并明确划分出 A 类店、B 类店和 C 类店的具体数量及其所占的比重。这一分类将为新产品的市场导入提供渠道设计依据，帮助确定合适的渠道规模与类别。

③主销价位：对所有终端的主流价位进行分类与占比分析，分析各价位段的市场需求状况与发展潜力，并评估市场竞争的激烈程度。这一分析过程将为选择合适价位的产品进入市场提供有力依据，并明确产品的终端渠道布局、进入规模及策略方向。

④消费者分类：分析产品的核心消费群体及常去的消费场所，进而评估各渠道的质量与适配性。通过这一过程，实现产品、渠道与核心消费群之间的最佳匹配，确保产品能够精准触达目标市场。

⑤竞品买断终端的数量：主要用于有效分析合作机会，评估市场渠道中的垄断程度及壁垒设置的强度，进而筛选出可实际进入并展开合作的渠道网络数量。

⑥非竞品买断终端的数量：主要用于区分合作类别并进行费效分析，通过深入分析各渠道的合作潜力，确定最优的合作方式，并测算合作过程中的费用投入与渠道效能之间的合理性，以确保资源的高效配置与合

作效益的最大化。

（2）单店情况

①基本情况：名称、地址、电话、联系人。

②经营情况：依据终端店的位置、营业额以及客源的稳定性，判断分析终端店的经营状况。

③营业面积：通过面积初步判断小店的规模，并依据竞品投入、冰柜数量等指标判断终端店的质量，一般来说质量越好的终端店竞品投入也会越多。

④客流量与进店率：客流量是指在一定时段内经过店前的目标消费者人数，而进店率则是指进入店铺的消费者数量占客流量的比例。通过统计客流量和进店率，可以了解店铺的吸引力以及顾客进店意愿。

⑤信誉：评估终端店的结账信誉与合同遵守信誉，可以通过与竞品业务员交流，深入了解他们与竞品的结算合作情况，从而获取相关信誉评估的关键信息。

（3）竞品情况

竞品情况调查主要包括以下几个方面。

①整体情况：了解其主要渠道的数量、结构和分布情况，并特别关注竞品构建的核心渠道壁垒店数量。分析竞品在终端渠道的投入力度、终端销量情况以及其在终端维护、促销方面的实力。研究竞品的经营模式、终端运作策略和推广措施，以综合判断竞品在整体市场中的竞争态势和终端作为。

②畅销品种：了解竞品在市场上的主销产品与价格。

③销售情况：掌握竞品每日及每月的销量数据，各产品线的销售占

比情况。

④竞品客情：调查竞品的客情维护方式、投入力度、关键客情对象以及客情关系的深厚程度。了解竞品与各个单店的关系如何，洞察竞品与店铺之间可能存在的关联或者矛盾，如亲属关联或其他形式的客情垄断。若发现此类情况，建议暂时避免与该店直接合作。基于这些情报，我们可以制定本品的客情策略，明确投入方向、方式及核心客情对象。更重要的是，要善于利用竞品与店铺间的矛盾，为本品导入后构建良好的客情环境创造有利条件。

⑤活动：了解竞品在单个店铺内实施的所有促销活动，并对其活动效果进行细致评估。

⑥促销：调研竞品在终端店的促销人员配置情况，包括数量及促销能力，鉴于促销员在终端运作中的重要性，我们需确保派往该店的促销人员能力上优于竞争对手，以在市场竞争中占据有利地位。促销员的选择应综合考虑店内氛围、店主管理风格、人员能力及人店匹配度，力求选派最适配、最具竞争力的促销人员入驻。

⑦进店费用：了解竞品与终端店铺合作的进店费用及其支付方式。原则上，本品进店费用应低于竞品，因为竞品进入市场时面临的竞争环境相对宽松，所获取的利益分配较为优越。当然，在特殊竞争情境下，为争取市场机会，本品可考虑以与竞品相当的费用条件进入市场。

⑧费用情况：终端合作主要采用进店费用、买断费用等多种付费模式。在调研过程中，应尽可能清楚地了解竞品的费用标准及具体付费方式，并明确合作后所能获得的各项权利，包括但不限于促销权、陈列权、活动组织权等，以确保本品在合作中能够获取应有的权益和优势。

2. 目标店铺选择

（1）数据分析汇总

对终端调研所收集的数据进行全面汇总，并依据既定分类标准进行系统化的分析处理。

①终端分类：根据终端的规模、销量、客源类型等关键指标，可以将终端细分为核心终端（A 类店）、重点终端（B 类店）和一般性终端（C 类店），具体分类标准可根据实际目的灵活设计并调整。

②竞争分类：为满足市场布局需求并实施有效终端运作策略，采用以获取竞争优势为核心目标的分类方法。

③合作分类：根据与终端店的合作形式，分为专场店、同场店、一般进场店、买断店。

④费用分类：根据与终端店合作付费金额高低，对终端店进行分类。

（2）确定终端目标

基于区域市场状况分析，明确终端渠道的开发目标及规模，具体包括设定渠道开发的数量目标、制订费用预算、确定合作类型，并规划实施行程安排。

①进店数量：根据区域市场终端渠道的整体数量，合理规划终端的规模、数量及等级分布，具体设定 A 类店、B 类店和 C 类店的目标数量，以确立明确的进店策略与目标。

②合作类别：依据区域市场内买断店与陈列店的实际数量，规划专场店、同场店及一般性店铺的数量配比，从而确立具体的合作进店目标与策略。

③费用预算：结合市场调研数据，依据不同的合作形式（专场、同场、一般性进场），采用相应的平均费用作为基准，结合计划进店的规模大小，细致预算进店所需费用，并确保提供充足的财务支持，从而明确费用管控目标。

④目标进程：基于区域市场的整体进店目标，综合考量人力资源配置、区域分布范围以及进店审批流程的实际情况，规划进店推进的具体流程，并制定详细的时间表，以确保进店工作的有序进行，从而明确并达成目标。

（3）制订开发计划

依据市场调研结果与公司实际执行能力，在总体战略目标的指引下，清晰界定各个发展阶段的子目标、所需资源配置目标及具体执行目标，并据此制订计划，系统性地推进终端市场的全面覆盖工作。

①明确目标：明确划分各阶段的具体目标、人员执行绩效目标、资源配置需求目标、合作伙伴协同目标，并设定清楚的完成时间，以确保项目高效有序推进。

②明确资源：明确资源投放的总量规划，设定不同合作形式的资源分配标准，建立资源投放的评估与审批流程机制，同时规范支付方式与制定详细的支付操作流程。

③明确布局：基于竞争策略需求及终端渠道间的互动机制，规划终端渠道布局，明确区分必须立即进驻的店铺、可暂缓进驻的店铺以及分批次进驻的先后顺序，即首批次与第二批次进驻的店铺名单。

④明确方式：明确与渠道的合作方式。

⑤明确执行：将总体目标细化分配给每位团队成员，明确各自的具

体任务目标，并设定清晰的任务完成时间节点。

（4）制定策略，明确实施步骤

围绕进店需求，制定进店流程、具体操作规程、审批机制、总体策略框架、执行管理制度以及详细的进店实施步骤。

（三）终端铺市

终端铺市作为市场开发的核心动作，是企业与经销商紧密合作，在短期内高效拓展目标区域市场的一项重要市场营销活动。

1. 铺市准备

为确保铺市工作的顺利进行，需全面做好准备工作。首先，进行铺市人员的招聘、严格选拔、专业培训及合理安排，并对铺市计划进行详细讲解与全员动员；其次，准备齐全合作协议，包括进店协议、同场协议及专场协议，以明确合作细节；最后，产品资料需完备包括样品，以支持铺市过程中的产品展示与洽谈。

2. 铺市步骤

（1）划分区域，确定目标。

根据行政区域或街道划分，首先明确各区域的终端目标数量，并将这些目标具体落实到每一位执行人员。随后制定详尽的铺市方案，包括铺市的推进计划、产品数量、规格、种类及价格策略。为确保高效执行，还需要规划详细的铺货路线与时间安排，遵循"先易后难，抓住重点"的原则。同时，为终端配备必要的物料，并确保物流的顺畅。在此过程中，要明确铺市的各项权益，包括促销权、陈列权、供货结算权、价格建议权及促销活动权,以保障铺市工作的全面成功。

(2)实施铺货

为确保铺货工作高效有序进行,实行每日例会制度。早晨上班时,召开简短的铺货例会,时间控制在30分钟以内,旨在传达当日铺货总目标,并将其细化分配给各小组及个人。会议期间,检查铺货人员的准备工作,包括样品、图表、名片、笔及铺货协议书等是否齐备。同时,进行简短的培训与鼓舞。为有效利用工作时间,上午上班时间提前30分钟开始。而每日下午下班前,则召开铺货总结会议,回顾并检查当日总目标及各组目标的完成情况,分析背后的原因,为次日目标的制订提供依据。鼓励各组及时反馈铺货过程中遇到的难题,集思广益寻求解决方案,并统计相关图表数据。

(3)铺货中应注意的事项

在铺货过程中,严格要求所有人员按照既定的铺货方案执行,确保各类人员各司其职,协同高效。所有终端统一零售价,以保障价格体系的稳定。强调铺货纪律的重要性,所有人员必须严格遵守铺货过程中的各项规定,一旦违规,必将严惩不贷,以此确保铺货队伍的纪律性和统一性。铺货工作分阶段、分类别有序推进,注重策略性与灵活性相结合。在铺货过程中,应重视礼仪形象的展现,以专业的态度和良好的形象增强客户信心。坚持定期的计划总结与培训,不断优化铺货流程,解决铺货中遇到的问题,确保铺货工作的顺利进行与持续改进。

（四）终端拜访

1. 拜访前："三"准备

（1）准备资料：提前准备好拜访沟通资料（含政策、活动内容等）、促销品、物料（价签、台卡、宣传页面）、笔记本、计算器（用于核算利润）等。若有需要可根据拜访的终端店客户爱好，准备相应的小礼品。

（2）制定路线：准备当日的拜访路线、当天的重点工作，提高拜访效率。

（3）回顾情况：回顾今日将要拜访的店老板情况，提高工作效率。

2. 拜访中："七"步骤

（1）进店报岗：人员到店后正常微信报岗，拍陈列照、门头照等。

话术技巧：和客户打招呼，不熟悉的客户须简短自我介绍，并表现出足够的热情及亲近感。"您好，老板。我是厂家业务员小x。"并针对以下三种场景，采取相应的话术技巧。

情景一：老板见到业务员不理不睬。运用幽默、自嘲等话语把客户逗乐、消除排斥心理后，再聊产品；若还不理睬，可主动表示下次再过来拜访。

情景二：老板说产品不好卖，不想推。非常感谢老板对我们产品的支持与信任！能否请您简要分享一下产品销售不佳的原因？是消费者偏好不符、产品吸引力不足、利润空间不够、厂家服务未达预期，还是价格定位偏高呢？我们非常期待您的宝贵意见，以便我们不断改进和提升（表现出十分想要帮助店老板解决问题的态度）

情景三：老板说现在很忙，没时间谈。进店后先跟店老板简单地打招呼，观察老板的工作状态，如果老板比较忙，可以先帮店老板搬搬货、招呼客户、整理产品陈列（须自带抹布，使陈列面干净整洁），等店老板不忙的时候再讲解。

（2）陈列维护：检查并整理好所有氛围物料，确保其摆放整齐以维持良好的宣传氛围。同时，及时补充并更换所需的促销物料和氛围物料，以保证宣传效果持续且吸引人。

（3）了解动销：记录两次巡店期间本品的销售数据与库存状况，并深入分析竞品近期的销售数据及其活动政策，通过对比找出差异与优势。

（4）利益刺激：借助其他终端的营销案例，刺激店主推荐，强化本品的利润。

话术技巧：xx终端又做x场宴席，出了x件货，又挣了x元，x总，您也要加快推介，销售我们这个产品，利润很可观。

（5）客情维护：与店主进行10~15分钟的轻松交谈，维护良好的客情关系，避免给终端留下只关注销量的印象。同时，主动发现并力所能及地帮助终端解决店内的日常琐事，增进彼此的合作与信任。

话术技巧：可以聊一些店老板感兴趣的话题，如炒股、投资、旅游、养生等，引起共鸣，拉近距离。

（6）协助推荐：在店期间，若有消费者到店购物，我方人员须主动推荐，协助终端销售，注意语言不要过于强硬。

（7）人员离店：在每家店铺的正常停留时间为15~20分钟，确保完成所有既定工作。完成工作任务后，若无特殊情况，应立即前往下一家店铺。在此过程中，要注意保持专业态度，避免因店主的态度或私人关系而延长或缩短停留时间，确保工作节奏与效率。

3. 拜访后："三"总结

（1）每日总结：在微信群汇报今日的工作情况，拜访一家汇报一张照片。汇报内容如下：拜访终端 x 家、氛围维护 x 家、活动推介 x 场、终端出货 x 件、待解决问题（若没有问题则省略）。

（2）每周总结：汇报形式如上。

（3）月度总结：根据现有形势及现阶段主要工作设计并填写。

（五）终端维护

终端为王，客情制胜。缺乏良好的终端客情，各项终端工作将难以顺畅进行。而建立并维护良好的终端客情关系，则能确保市场费用投入实现效益最大化。

1. 客情维护思路

表 1 客情维护思路

主要方面	主要内容
诚信	我们与终端打交道，一定要保持良好的信誉。答应客户的事情，即使遇到困难，也要想方设法按约定办到；答应给客户的东西，即使自掏腰包，也要遵守承诺。"诚信"不仅仅要说，更要始终如一地去做
勤快	勤跑多见面，至少混个"脸儿熟"，接触多了自然就由不认识到认识，由不熟悉到熟悉，最后甚至把业务关系发展成为朋友关系
细节	细节决定成败。要从记录店面老板的性格、爱好、作息时间、家中成员情况、送货时间、需要补货的时间等细节入手，调整自己的销售策略，让客户与我们相处过程中感到自然、舒服，让客户乐于跟我们相处，愿意与我们合作

2. 终端客情维护 10 技巧

（1）核心价值详细讲解。首先让店老板了解你的产品，给客户详细讲解基本信息。挖掘产品独特卖点，明确你的产品与同价位竞品之间的差异，如生产工艺的独特性、原料的不同，让终端老板深刻理解并认同产品的核心价值。这样，在向消费者介绍时，他们能直接引用并传达这些核心价值，从而更有效地促进销售。

（2）核心利润详细分析。利润是驱动店主推荐产品的首要因素。建议随身携带计算器，直观展示具体利润数据给店主。要深入了解竞品的利润结构、价格差异及返利政策，明确自身产品相比竞品的利润优势所在。在与店主沟通时，避免使用模糊表述，而应通过准确数字详细阐述利润对比，让店主清楚地看到推荐产品的实际收益。

（3）小恩小惠连绵不断。真心将终端老板视为朋友，日常工作中根据他们的需求细心挑选小礼物以表心意。重要的是，礼物应体现心意而非价值，选择简单、实用且富有意义的物品为宜。例如，了解到终端店老板的儿子即将参加高考，你不妨精心挑选几本考前冲刺的书籍或资料作为礼物，这样的举动会让店老板感受到你的用心与关怀。

（4）大活小活遇到则干。当业务员拜访终端时，若遇到终端老板正忙于搬运货物或整理店内产品，应避免直接谈论与产品相关的话题。此时，不妨先放下回访单和广告宣传物料，主动上前帮忙，做些力所能及的事情。在跑终端的过程中，务必保持敏锐的观察力，时刻留意并主动为终端老板分担，用实际行动展现你的支持与协作精神。

（5）分享成功经验。成功经验指的是那些促成产品成功销售的有效方法。在走访终端时，应积极收集终端老板成功销售的实际案例，比如他们如何向消费者推荐产品、如何开展陌生销售、如何挖掘团购资源等。随后，将这些宝贵经验整理成规范的话术。在与终端老板沟通时，分享这些成功案例，不仅能提升他们的销售技巧，还能让他们对你的专业服务给予高度认可。

（6）个人爱好多做交流。对各行业广泛了解，无论终端老板有何爱好，都能与之畅聊一番。当你将终端客户的爱好融入自己的生活，你会发现，你们之间的关系不仅仅是商业合作，更多的是朋友般亲密无间。

（7）生日、纪念日人文关怀。要详细记录老板及其家庭成员的重要日期，如生日、结婚纪念日等，并建立相应的数据库。在这些特殊日子或节假日时，以公司或业务员的名义向终端老板发送温馨的祝福信息或赠送贴心小礼物。虽然这些举动看似微不足道，却能在客情维护中发挥巨大作用，成为最简单且有效的情感联结方式。

（8）圈内人士定期联谊。可以组织关系融洽且共同热爱篮球的终端店老板们参加"篮球友谊赛"，并设置产品作为奖品以增添趣味性。关键在于深入挖掘客户的兴趣爱好，据此定期策划有针对性的活动，从而有效加深并拉动客情关系。

（9）活动奖励当面给予。对终端的承诺必须坚决履行。对于承诺的小奖励，务必当面兑现；若无法立即兑现，也需明确告知具体的兑现时间，并确保按时完成。在传达活动奖励政策时，避免直接丢给终端商自行阅读，而应主动解释、分析，详细阐述活动对他们的益处及所能带来的具体利益，让终端老板充分理解并感受到活动的价值。

（10）时刻保持位置距离。终端客情虽至关重要，但必须坚守市场规则底线。严禁与终端商联手窜货或擅自调整对特定终端商的政策。面对终端的不正当要求，应坚决拒绝，维护市场秩序与公平竞争环境。

总之，客情维护是需要时间慢慢积累的，也需要我们用心为终端商家服务。

二、餐饮渠道运营与管理

餐饮渠道是指集即时加工制作、商业销售与服务性劳动于一体的经营性行业，专为消费者供应各类酒水、食品，并提供消费场所与设施。包括星级酒店、中餐馆、西餐厅、海鲜馆、排档以及小型餐饮店等多种业态，是满足消费者餐饮需求的重要渠道。

（一）特点与分级

1. 餐饮渠道特点

（1）餐饮渠道是一种封闭性渠道。

（2）在餐饮渠道中，销售主要依靠服务员或促销员的有效"推介"来实现。

（3）餐饮渠道进店门槛高、易压款、结算难。

（4）随着消费者自带酒水比例的显著上升，中高档餐饮场所更多地扮演着补充销售的角色。餐饮渠道虽依旧作为某些产品不可或缺的即时消费平台，但其重要性正面临挑战。这主要有两方面原因：一是消费者自带酒水行为的普及，二是餐饮终端高昂的运营成本。这些因素共同作用，导致餐饮渠道对于酒水销售的边际贡献逐渐降低。

（5）餐饮渠道终端尤其是高端A类餐饮终端目前同样出现部分经营惨淡的现象，高额的进店费用使得餐饮终端相对于新品餐饮渠道操作如同鸡肋，主要起到产品展示和宣传作用，餐饮渠道操作的重心已转移至生意旺销的B/C类餐饮终端。

（6）餐饮酒店渠道为辅助渠道，需要考虑适销性及产品组合，宜精不宜多，重客情、重投入、重培育。

2.餐饮渠道终端分级

根据终端规模我们将餐饮渠道终端分为五类，其中涉及终端规模、终端影响力、消费档次等。

（1）餐饮终端分级标准（见表2）

表2　餐饮终端分级标准

类别	面积	包间	散台	白酒价位段	人均消费	停车位
A	500m² 以上	15个以上	可承接会议或宴会厅2个以上	200元以上价位段	100~150元以上	15个以上
B	200m²~500m²	10~15个	可承接会议或宴会厅1个以上	60~200元价位段	80~100元以上	10个以上
C	200㎡以下	3个以上	5个以上	100元以下价位段	60元以上	可以停车

续表

类别	面积	包间	散台	白酒价位段	人均消费	停车位
D	小吃、大排档、快餐					
其他	农家院等	3个以上	3~5个以上	各价位段均有涉及	30元以上	停车位

（2）餐饮渠道各类终端特点

①A类餐饮终端：区域知名餐饮、全国性连锁酒店、三星级以上餐饮店；在区域内知名度、影响力高；具备会议接待能力，可同时举行多场宴会，自有停车场；主要集中在地级市、省会城市，部分县级区域有1~3家。

②B类餐饮终端：区域知名餐饮店、连锁餐饮店；具备会议接待能力，可举行大规模宴会，自有停车场位，主要集中在地级市及省会城市，部分经济发达县有3~5家。

③C类餐饮终端：大部分餐饮终端都属于此类。

④D类餐饮终端：主要供应早午简餐，白酒主要以光瓶、小酒为主。

⑤其他餐饮终端：主要集中于旅游景点、郊区等，季节性较强，以城市周边一日游消费者及乡镇农村市场为主，主要提供特色农家饮食，与C类酒店类似，但部分可与B类酒店比肩。

2.餐饮渠道终端操作流程（见图2）

餐饮渠道摸排 → 目标终端选择 → 餐饮终端开发 → 餐饮终端维护

图2　餐饮渠道终端操作流程

（1）餐饮渠道摸排：对区域内餐饮市场进行市场调研。

（2）目标终端选择：根据调研分析结果，选择目标终端进店。

（3）餐饮终端开发：配置资源及策略对目标终端公关，达成进店。

（4）餐饮终端维护：对餐饮终端进行客情维护，达成产品首推。

（二）调研与售点选择

1. 餐饮渠道调研

（1）整体市场情况调查

①餐饮终端店数量调查：按照分级标准，对各个级别餐饮终端数量调查。

②餐饮终端店地理分布情况调查：按照方位或行政区域进行。

③餐饮终端店构成情况调查：西餐、火锅、海鲜、中餐等。

④餐饮终端竞品情况调查：竞品信息。

（2）餐饮终端店情况调研

①餐饮终端企业情况调查：对餐饮终端的规模、管理模式等进行调研。

②餐饮终端个人情况调查：对餐饮终端老板、经理等进行调研。

③餐饮终端店销售情况调查：主要从年度、季度销售额、酒水销售额进行调研。

④进店投资情况调查：对餐饮店　资金来源及销售模式进行调研。

⑤餐饮店开发风险调查项目：对餐饮店信誉、账期及结账方式进行调研。

（3）调研结论分析

通过实地调研，对区域内餐饮渠道市场及终端有一定的了解，结合自身实际情况，对调研结果进行分析，可以得出以下几点渠道操作参考信息。

①区域内餐饮渠道规模、销售情况。

②区域内餐饮终端分布及消费者喜好。

③区域内竞争态势及主要销售推广动作。

2. 餐饮渠道终端目标选定

（1）根据产品价格段制订餐饮店选择目标

①本区域具影响力的政商务接待酒店，政商务接待比较聚集，有会员体系的餐饮店，即区域内的AB类餐饮店，此类餐饮店适宜操作中高端产品，产品零售价格在200元以上。

②其他餐饮终端（BC）类适宜操作60元以上产品。

③D类餐饮适宜操作60元以下产品。

④农家院及其他特色餐饮主题餐厅定位介于B、C类餐饮店之间，适宜操作60元~200元产品。

（2）根据目的选择餐饮终端

①侧重于品牌产品推广、产品形象树立之目的：选择AB类餐饮店进行操作。

②侧重于销售、稳价之目的：选择B、C类餐饮店进行操作。

③对竞品进行渠道拦截，打压竞品：选择全部类别餐饮店操作。

④新品上市，渠道突破：首先选择部分B、C类餐饮店，其次全渠

道操作。

（3）根据竞品或目标竞品选择餐饮终端

抛开餐饮店类别，凡是有竞品的餐饮店，都进行进店操作，采取跟随竞品策略。

（4）选择信誉良好的餐饮终端

不管采取何种标准选定餐饮终端，但最终终端选择要按照终端信誉良好、账期稳定，最好有固定的消费人群的原则。

（三）终端进店

1. 进店方式

（1）现金进店（赠产品置换）。

（2）陈列进场：将产品入驻餐饮店进行销售，具体方式为在餐饮店吧台进行展示与销售。

（3）建设形象店进店。

（4）促销进场：除了正常的陈列活动外，可投放一定的促销活动结合起来刺激销售，如婚宴活动、消费者实物促销。

（5）餐券置换进店。

（6）签约保量店：采用协议形式，明确约定店家需在规定时间内达成既定销售目标。一旦完成销量指标，厂家将按约定一次性或分阶段向店家提供一定比例的奖励费用或固定费用作为入场合作条件。

（7）第三方关系进店：此处注意不要硬性摊派或强迫餐饮店。

（8）捆绑进店：捆绑饮料、啤酒、生鲜等酒店必需品进店。

（9）签约保量店和暗促：店家将指定 1 至 2 名内部员工专门协助推广销售本产品，并设定每月基础销售目标。当此目标达成后，厂家将承担这些促销人员的费用，作为对店家服务人员的报酬。

2. 进店谈判关键人

（1）餐饮店经理：针对管理规范，分工明确，流程和制度比较健全的大酒店。

（2）餐饮店老板：针对规模中等的酒店，需要老板拍板即可敲定。

（3）采购部经理或配送中心经理：针对个别连锁店。

3. 谈判话术、技巧

（1）与客户沟通的核心原则是向其展示并推销产品所能带来的实际利益。

与客户交流时，应避免直接指令式表达，如"你要做什么"，而应转为强调益处的说法，例如"这样做能为您带来诸多好处"。在介绍产品时，不要单纯强调"我的产品如何出色"，而应聚焦于客户收益，比如"我们的产品能助您提升销售额与利润"。当传达公司新政策时，不宜直接要求执行，而应阐述其积极面，比如"公司新推出的政策为您开启了更多机遇"。

（2）事实胜过千言万语。

业务员应积极收集并分享成功的营销实例给客户，包括具体餐饮店铺的月度销售量与盈利情况以及产品在不同市场上的热销表现，以此增强客户信心并激发合作兴趣。

（3）帮客户算账。业务员应主动协助客户进行详细的利润计算，通过具体数据展示使用产品或服务后可能带来的经济效益，让客户直观感受到合作带来的实际利润增长。

（4）谈判的技巧。

①率先明确合作条件，既体现了我们的合作诚意，也为后续谈判奠定了一个合理的价格框架。

②在作出任何让步时，务必确保能获得对等的回报，比如争取到终端更优质的陈列位置、助销品的高效利用等，以确保双方利益平衡。

③将各项投入整合为一揽子方案进行谈判，包括餐饮店的进店费用、促销管理费用、店庆费用等，通过综合议价策略，力求实现整体投入成本的最小化。

④将需对方承担的项目分开讨论，逐一争取，以最大化利用终端资源。例如，分别洽谈餐饮店的加价率、助销工具的具体使用等，确保每个项目都能得到最优安排。

⑤提供具有说服力的实例证据。比如："我们与某知名餐饮店（其规模与经营状况与您店相似）已成功合作，并且在某些合作条款上，我们给予的支持力度甚至还不如我们准备为您提供的。"

⑥当双方意见存在较大分歧时，应避免采取绝对化的立场，而应保留一定的协商空间，即使暂时无法达成合作，也能确保不留下任何后续遗留问题，为未来的可能合作奠定基础。

（四）合作达成

1. 促进谈判达成

在初次沟通中，充分交流双方的合作意愿与具体条件，力求达成初步合作共识。然后将这些合作条款带回公司，给上级领导反馈并讨论。最后再与店方进行更深入的确认，为最终的合作提供充分的缓冲与准备。

（1）沟通明确产品进店意向，确立合作意愿。

（2）激发合作意向：通过创新合作模式、调整费用投入比例、借助品牌影响力以及客情关系、合作方式的灵活调整与费用结构的优化，全面激发合作伙伴的积极意愿，促进共赢合作。

（3）在双方谈判尚未深入、相互了解有限的情况下，可先促使客户与公司进行初步的资源条件共享与交流。

（4）在谈判初期，重点应以倾听为主，若对方表达不够主动，可适时根据公司所需了解的关键点进行温和而有针对性的引导。

2. 协议签订

（1）合作形式确定

在初步合作意向达成共识后，将进入合作细节的具体谈判阶段。针对餐饮终端的合作需求，通常情况下有四种合作模式。对于核心酒店，推荐使用包场或专场合作方式；而对于一般餐饮店，则更适宜采用同场或进场合作模式。对于包场、专场、同场、进场这四种合作模式，要分别明确费用投入、费用支付方式与安排、公司享有的促销权限、结算的详细约定以及产品陈列展示的相关要求与标准。

（2）支付方式

①费用支付：遵循以下核心原则，优先考虑以抵产品形式支付，减少现金支出；若无法直接抵产品，则倾向于反扣方式，同样减少现金流

压力；在支付方式上，力求简洁明了，避免复杂组合；若确需采用组合支付方式，则必须包含部分抵产品，以最大化利用公司资源，优化成本结构。

②现金支付：现金支付作为企业费用支付中成本最高的一种方式，原则上并不推崇。特别是在与餐饮店的合作谈判中，现金费用支付应被视为最后的选择，仅在谈判无其他可行方案时才予以考虑。

③产品支付：产品支付对于企业而言，是一种极具竞争力的支付方式，它不仅能够有效节省费用成本，还利于产品推广与市场渗透，因此应大力倡导并推广产品支付方式的应用。

④反扣支付：通常情况下，反扣支付的实施与进店费用紧密相连。当餐饮店在一定程度上降低费用要求时，企业会倾向于根据销售量来实施反扣支付。此外，反扣支付也可以作为一种激励机制，通过捆绑餐饮店老板的销售利益，进一步促进双方合作与共赢。

⑤组合支付：组合支付方式主要针对那些销量良好但店主要求较为苛刻的情况。它融合了现金支付、产品支付和反扣支付三种方式，可根据合作餐饮店的具体情况与背景进行灵活组合与调整，满足双方的合作需求。

（3）价格体系

价格体系基本原则是严格遵循公司的市场操作指导价格。在调整相关售价时，必须确保不高于同类竞品的价格。在正常市场环境下，应严格执行公司统一的价格体系。若遇行业性价格调整，公司将及时以书面形式通知客户。总体而言，产品定价原则上不应高于同类竞争产品，若价格偏高，需考虑引入其他产品以保持市场竞争力。

各销售渠道均须严格执行公司的指导价格体系。在区域市场操作中，经过市场调研与同类产品对比，若发现小幅调整价格能显著提升竞争力，可在审慎考虑后实施小范围的价格调整。若价格调整幅度较大，则需评估并考虑引入其他产品，以更有效地参与价格竞争，保持市场优势。

（4）供货体系

应确保入库单内容清晰明确，收货人信息准确无误，并附有合法且有效的签章。

①签字盖章。务必核实收货人的签章与餐饮店指定授权人员的一致性，杜绝代签、代写行为，确保收货单据上加盖有餐饮终端的有效公章，以规避潜在的账款风险。

②收货人。餐饮店须正式指定并明确收货人，原则上应通过书面文件形式进行确认。

③有无入库单。在供货体系的沟通环节中，首要任务是明确产品入库单的相关事宜。产品入库单作为公司与餐饮终端之间供货关系的重要凭证，具有至关重要的法律效力和证明作用。

④操作要点：在操作管理流程中，为避免因入库单据不准确、收货人身份不符或签字不合规等非指定收货人情况所引发的餐饮终端拒付或坏账风险，务必在入场谈判阶段就对此类细节进行详尽讨论并明确约定，确保所有条款均落实在书面协议中。

（5）结算方式

清晰界定结算方式，若采用月结制度，则必须详细规定对账与结账的具体时间节点。

①批结。批结指以一批货物的款项作为下一批货物的结算押金，即

本期送货时结清上一批次的货款。而批结操作的最优化状态，则是在首批货物作为铺底后，后续所有交易均实现现货现结，达到资金流转的高效与顺畅。

②现结。现结指的是即时结算方式，即货物送达现场时立即以现金完成交易支付。这种现场送货、现场结账的模式，是餐饮店结算方式中的首选方案。

③月结。月结指的是按月为周期进行结算的方式。采用月结时，须精确设定对账与结账的具体日期，例如明确为每月的xx日，以便业务员能够更清晰、高效地执行业务操作。

④操作要点：尽管现结是我们的首选结算方式，但鉴于行业多年形成的操作惯例，月结与批结在实际操作中仍不可避免，关键在于有效管控批结与月结模式下的账款风险。

（五）餐饮终端维护

1. 不同级别终端维护

根据渠道终端操作目的，针对不同类别终端进行不同程度的客情维护拜访，将进店终端分为核心终端、重点终端、一般终端。

表3 不同级别终端维护

终端类别	拜访周期	维护对象	操作要点
核心终端	每周2次	关键人、部门经理、服务员等	注意个体拜访频率、拜访时间，是否需要预约；拜访目的明确
重点终端	每周1次		
一般终端	每月2~3次		维护工具使用

2. 不同关键人维护及维护工具

表4 不同关键人维护及维护工具

关键人	客情维护目标人群	客情维护目的	客情维护工具	客情维护达到效果	客情维访频率
服务员	大厅、包厢	酒水推荐、物料整理、维护	日用礼品（毛巾、丝袜、丝巾等）	第一推荐、维护	每周一次
吧台	酒水吧台、订餐处	物料、陈列面保持、活动告知、出货、信息提供等	日用礼品	第一维护、信息告知	每周一次
经理	楼层经理等	物料、陈列面保持，活动告知，信息提供等	日用礼品、宴请	第一维护、信息告知	每周一次
库管	库管、采购	补货、出货	日用礼品	正常补货出货	每周一次
财务		结账	日用礼品	正常结账	每月二次
老板、经理人		给予我司产品的动销支持，供销合同的签订及续签等	品鉴招待、酒水、礼品、私人爱好等	提供便利	节假拜访

3. 餐饮终端生动化建设

（1）吧台瓶展：吧台核心区域整齐展示产品，正标统一朝外；单品至少陈列两瓶，确保瓶身干净无尘、完好无损。

（2）X展架（门型展架）应置于酒店入口或显眼黄金位置，数量建议1~2个；确保展架整洁无损，无任何遮挡物。

（3）橱窗陈列：部分包厢内酒柜产品陈列；保持整洁、无污染、无破损。

（4）电梯/楼梯：参照公司主画面制作。

（5）柱贴包装：需根据公司统一设计标准制作（至少2个），并保持其干净整洁，无污渍及破损。

（6）吊旗：参照公司主画面制作；按照酒店大厅、包厢的面积、环境制作；保持整洁、无污染、无破损。

（7）其他：其他创新性的生动展示方法（饮料柜、酒柜、报刊架、点菜台/柜、包厢衣帽架、堆箱）。

（8）生动化建设需与餐饮终端进行深入沟通与协商，力求在餐饮店允许的产品种类、数量及展示位置等条件下，争取最佳展示效果。

三、团购渠道运营与管理

团购就是团体购买和集体采购的简称，其本质就是以一定的购买力作为谈判条件实现价格折让，向厂家或商家进行大批量购买的行为。

（一）公关和团购的特征

1. 特征一：公关和团购需要区别对待

（1）公关和团购的主体对象不同

①公关：主要面向领导者，他们本质上扮演着消费引领者的角色，是驱动消费潮流的关键人物。

②团购：主要面向企事业单位的员工，关联下属企业、社群参与者等，他们会成为消费潮流的追随者。

③政务公关、商务团购。

（2）公关与团购在营销方式上存在差异

①公关：通过情感共鸣为突破口，创造消费趋势并赢得关键消费者口碑的过程。公关的策略在于"赠予"，其本质是对市场的一种投资行为。

②团购：通过口碑效应促进销量增长，以利益为驱动促成团购交易的过程。其主要方式在于"回收"投资，本质上是一种产品销售策略，实现市场回报。

③公关是投入，团购是回报。

2. 特征二："先公关、后团购、再传播"

从公关团购的整体流程审视，遵循"先公关、后团购"的原则。通过公关活动赢得消费引领者的认可与青睐，进而生成具影响力的正面口碑。如此，团购负责人便能顺利地进行大规模采购，而普通消费者也会倾向于追随消费引领者的选择。

3. 特征三：消费者分级原则（高位公关，低位团购）

在公关团购营销的初期阶段，活动参与者的"级别"相较人数而言更为重要。消费者的地位越高，其影响力所覆盖的范围就越广，权威性也越强，从而产生更强的口碑效应，对消费的引领作用也更显著。

在公关团购活动中，消费群体被明确划分为不同级别，这一分级主要基于其消费力、影响力的大小来综合评估。通常，行政职位越高、影响力越大，或者社交应酬范围越广，其消费级别也相应越高。针对不同级别的消费者，营销策略及投入力度需灵活调整：对于高级别消费者，更倾向于采用公关手段建立深厚关系；而对于较低级别消费者，则更多地采用团购等直接且高效的销售方式。

（二）团购工作开展的流程（见图3）

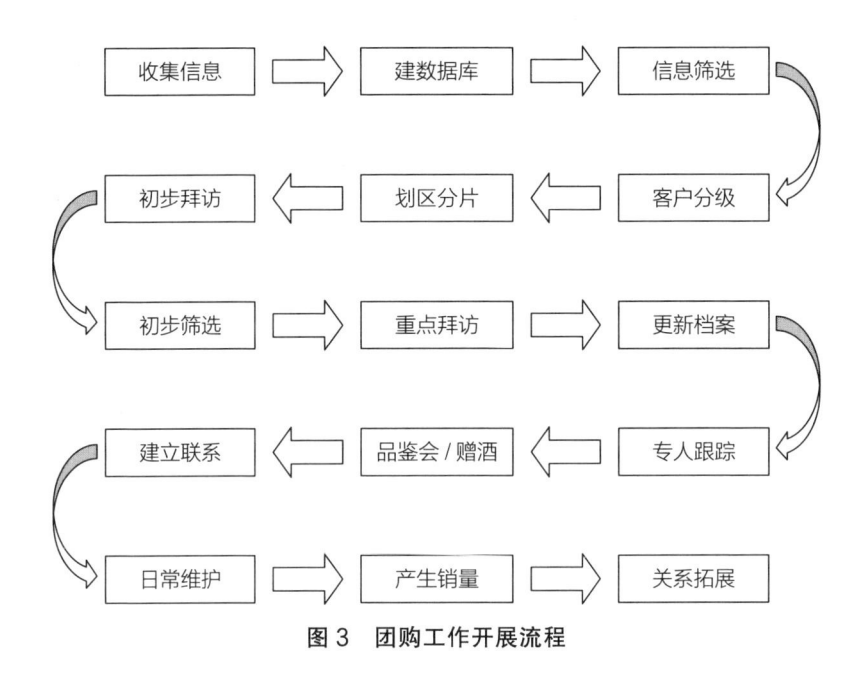

```
收集信息 → 建数据库 → 信息筛选
                              ↓
初步拜访 ← 划区分片 ← 客户分级
   ↓
初步筛选 → 重点拜访 → 更新档案
                              ↓
建立联系 ← 品鉴会/赠酒 ← 专人跟踪
   ↓
日常维护 → 产生销量 → 关系拓展
```

图3　团购工作开展流程

1. 目标客户的筛选

（1）目标消费者的选择标准

目标消费人群需要满足如下几个条件：

①具备充足的经济能力以负担本产品（既有财力购买，也有权限消费）；

②经常有机会频繁消费本产品；

③对周围同类人群的消费行为具有号召力和影响力；

④与同系统的相关单位的核心消费群有一定的关系。

前三点为核心消费群的基本要求，第四点为补充要求，主要是为了便于后续公关网络的构建与拓展。

（2）目标消费者信息收集方法

①整理现有关系资源

公司高层的关系资源、公司往来单位的关系资源、公司全体员工的同学资源、老乡资源、战友资源收集；合同户的关系资源、分销商的关系资源收集。

备注：必须将现有资源以横向连线、纵向织网的方式形成一张团购关系网，最大化发挥现有关系资源优势。

②陌生客户信息收集方法

a. 黄页电话号码簿、陌生拜访、扫楼；

b. 挖掘传统渠道背后的团购资源；

c. 组织品鉴会建立人脉关系；

d. 与竞品团购业务人员共享；

e. 从异业单位，如婚纱影楼、婚庆公司、高档礼品公司、高档消费场所、旅行社、拥有高档消费目标群体资料的从业人员等获取客户信息。

2. 客户分级

为更有效地管理客户资源，将收集到的客户进行整理，并根据其重要程度划分为A、B、C、D四个等级。

（1）A级客户

①定义：公关对象，可以带动品牌发展，属于典型的意见领袖人物。

②人选标准：单位负责人。

③服务标准：每年按照一定的标准，安排专门人员，进行公关服务。

④工作要求：自饮主动点公司产品，影响身边的人。

⑤选择数量：每地选择1~2个。

⑥服务人员：公司副总级别以上人员。

（2）B级客户

①定义：公关对象，可以带动一个系统或单位消费

②人选标准：企事业单位负责人或主要负责人。

③服务标准：每年按照一定的标准，每月最少深质量沟通一次，可以按照主题进行服务。

④工作要求：自饮尽量用我公司产品，单位招待指定用我公司产品即可。

⑤选择数量：每地选择5~10个。

⑥服务人员：分公司或大区经理以上级别人员。

（3）C级客户

①定义：团购对象，可以直接影响核心消费群的选择，间接带动消费。

②人选标准：中层以上人员。

③服务标准：采取赠送小礼品、报销活动经费、发电话费等形式建立基本联系纽带。每年按照小范围、多频率的标准，分别组织一次小范围的旅游活动。

④工作要求：按照销售量多少分别进行提成奖励，以经济力量推动其主动销售我公司产品。

⑤选择数量：省会城市50个以上，地级市场20个以上，县级市场10个以上。

⑥服务人员：办事处主任、专职团购负责人。

（4）D级客户

①定义：团购对象，可以有机会接触核心消费者，并且间接影响目标人群。

②人选标准：手头有专职团购单位或人脉资源的社会人士，无固定商铺。

③服务标准：实施团购时请客，按照销售量给予折扣，但不允许扰乱价格体系。

④工作要求：向团购客户优先推荐我公司产品，个人不能攻克的，可向公司申请提供援助。

⑤选择数量：多多益善。

⑥服务人员：专职团购负责人员。

四级消费者的说明：

A级客户是地级区域市场内消费群体中的领袖人物，他们具有显著的消费引导能力，能够迅速引领并影响一大批普通消费者的消费趋势。但A级客户对于团购的直接利润往往兴趣不大，因此我们的策略是以投资为主，不苛求即时的团购销量回报。在开发A级客户时，我们应充分利用酒厂、经销商及办事处现有资源网络，有效缩短客户开发与培养周期。

B级客户是区域市场内的重要消费者群体，他们数量有限，但对团购具有推动作用，且自身拥有良好的影响力。对于这类客户，我们要采用资源投入式的公关策略，建立并维护良好的客情关系。

3. 客户分类分级后续跟进

（1）公关部经理需运用多种渠道全面收集区域内的客户信息，进而建立信息数据库，并对所收集到的信息进行详细地分类与整理。

（2）在完成信息整理与分类后，需进一步进行区域划分，既可依据系统来划分，也可按照地理区域来划分。对于 A 级客户及重点 B 级客户，应由公关经理或办事处经理直接负责跟踪与对接工作。

（3）公关经理需从数据库中选出重点目标客户，并通过多种途径进行深入拜访与交流，以细化客户资料并为其建立详尽档案。随后，应指派专人负责对这些已建档的客户进行持续地维护与跟进工作。

（4）在促成团购并保持良好客户关系的基础上，应适时且有效地利用现有关系网络进一步拓展业务。

（三）团购工作的几个要点

1. 个人综合实力

团购开发往往需要接触跨领域的众多关键人物，因此，掌握多领域、多学科的知识显得尤为重要。这样，在与人交流时才能更吸引对方的注意并赢得尊重，逐步树立个人品牌，从而获得团购用户的信赖与认可。

2. 把握谈话重点

要选择客户感兴趣的话题，以提升自己在对方心中的好感。同时，在交谈过程中，应保持中立态度，避免对人对事作出过度评价。

3. 要有敏锐地发现客户的能力

在日常工作与生活中，我们常有机会接触到各种人，其中不乏潜在的目标客户。因此，我们应时刻留心观察并妥善应对这些意外的相遇。

4. 注意方向和方法

先找到恰当的话题切入点，并始终从消费者的角度出发，在与客户交流时紧密贴近消费者的需求。切记，倾听是沟通中最宝贵的技巧。

（四）团购工作的 8 个技巧

公关、团购与客情维护三者之间并无绝对的先后顺序，往往可以并行不悖，相互促进。团购人员应具备高度的灵活性，能够根据实际情况巧妙运用这些策略，同时注重技巧、关注细节，以期在控制成本的前提下实现多重目标，力求以最少的投入获得最佳的效果。

1. 技巧一：登门拜访

（1）作用及意义

登门拜访是公关活动的起始环节，它能够帮助我们与客户建立起基本联系，为后续工作的推进做好充分准备。

（2）操作要点

公关经理负责区域及系统的划分，并将前期收集的单位信息合理分配至每位公关人员。

①由公关人员登门拜访。

②业务人员应携带齐全的销售工具，包括但不限于产品说明书、企

业宣传册、个人名片、计算器、工作笔记本、钢笔、产品价格表以及各类宣传品等。

③业务人员在进行直接登门拜访时，务必注重礼仪规范。若条件允许，应事先进行电话预约，体现专业与尊重。

④在拜访过程中，要充分利用前期收集的资料，留意目标人物的喜好，并在交谈时密切观察其表情及动作变化。首次拜访应把握好时间，建议控制在15分钟以内。

2. 技巧二：品鉴会

（1）一桌式品鉴会

一桌式品鉴会作为一种基础且常用的公关策略，特别适用于与目标人物建立初期关系，同时也为拓展新的公关业务提供了有效途径。

具体操作要点：

①邀请核心消费者参与品鉴会，通过品鉴活动深入宣传品牌及核心产品，并赠送精美的礼品以示感谢。

②应尽量避免完全由办事处独立组织一桌式品鉴会，而应充分利用B级客户或品鉴顾问的资源与影响力来召集会议并选择合适的地点。每次参会人员数量应控制在8人以内，确保活动的精致与高效。

③在一桌式品鉴会中，厂家人员应积极融入话题讨论，同时要有策略地引导话题，巧妙融入品牌及产品的故事，以加深参与者对品牌和产品的印象，从而促进消费者的口碑传播。

④主动向与会的相关人员索取联系方式，为日后的拜访与跟进打下基础，及时整理相关资料，建立完善的档案系统。

⑤宴请酒店应选择公司指定的合作酒店、客情关系良好的酒店或具有特色的酒店。宴请场地的布置需充分融入品牌元素（如宣传物料、生动化展示等），加深消费者对品牌的印象。

（2）大型品鉴会

大型品鉴会作为一种重要的活动形式，具有强大的召集力和造势效应。相应地，其费用也较高，因此需谨慎规划与实施。此类品鉴会通常依托会议、论坛或其他活动为主题进行召集，目标对象多为企事业负责人。其主要目的在于通过高层间的交流互动，为产品推广造势，同时，广泛的召集也为后续的一桌式品鉴会奠定良好的沟通基础。

具体操作要点：

①大型品鉴会的活动流程应紧密围绕品牌及产品知识、故事演绎等核心内容展开，如设置品质小测验等环节。这样不仅能活跃会议气氛，还能激发参会人员的讨论热情，从而进一步促进消费者的口碑传播。

②会议结束后，应向与会者发放与会议主题相契合的纪念品，以示感谢。同时，要对会议中涌现出的关键人物及潜在公关关系进行后续跟踪与深入开发。

3. 技巧三：新闻发布会

利用经销商的自身资源或品鉴顾问的关系网络，我们可以组织一场特别的大型品鉴会——以XX酒厂上市新闻发布会暨品鉴会的形式，将酒厂的核心消费者、相关企事业领导以及新闻媒体等各方嘉宾召集一堂。通过这样的活动，不仅能够迅速提升XX品牌在短期内的影响力，还能针对核心消费群体开展品鉴活动，寻找并扩大与公关目标人物的接触机会，从而加深核心消费者对产品的口感认知。新闻发布会作为新区域市场前期快速引爆、吸引公众关注的重要手段，在老区域市场同样可以采用新产品上市发布会或主题研讨会的形式来展开，以持续推动品牌发展。

（1）实施案例

XX品牌新闻发布会暨品鉴会

时间：XX

地点：市区高档某知酒店宴会厅

参会人员：酒厂所在地市场领导、企事业单位负责人、当地主流电视台及报刊的记者、核心消费群体代表、核心酒店业主以及当地办事处相关工作人员等。

（2）会议流程

11:00　会议正式开始

11:08~11:18　公司领导讲话

10:18~11:28　企事业领导讲话

11:28~11:38　经销商讲话

11:48　答谢及品鉴宴会开始

13:30　宾客礼物的分发，重要来宾的送别

4. 技巧四：请客招待

请客招待作为一种灵活且私密的沟通方式，因其参与人数少、时间和地点安排更为灵活，而主要适用于公关关系的中后期阶段。当与核心目标人物已建立起良好的客情关系时，通过请客招待不仅能进一步巩固这一关系，还能为后续沟通开辟更加顺畅的通道。

（1）具体操作要点

主要采用"2+2"模式进行，即本方公司人员搭配后期跟进的公关业务员，与目标人物及其团购直接关系人共同参与。在特定情境下，也可灵活调整为"1+2"模式进行。

（2）四个角色的作用

由本品经理级别的人员（如团购经理、办事处经理，级别更高者更佳）与目标人物实现对接，确保双方地位对等。我方公关业务人员则负责后续跟进，推动公关活动向团购方向发展。在核心公关目标人物就餐过程中，巧妙引导其对酒品作出正面评价，鼓励其描述对品牌和产品的看法。

5. 技巧五：喜宴

（1）全方位搜集信息

通过异业机构获取信息，如民政部门、婚纱影楼、婚庆公司、喜糖铺子，婚庆策划等。

（2）消费者购买终端拦截

精选核心名烟名酒店作为合作伙伴，通过采用区域独家经营模式，确保在300米半径内无其他竞争网点，充分保障合作伙伴的利润空间，有效驱动终端的销售热情，使我们的品牌稳居终端主推位置。同时，策划婚宴主题促销活动，并在这些核心终端店面以精美的展架形式进行宣传推广，吸引更多婚宴消费者的关注与青睐。

（3）针对喜宴消费者促销，可以根据市场的具体情况，制订不同的喜宴促销方式。

6. 技巧六：社群

（1）社群活动组织

①按照兴趣爱好分类方式，如 钓鱼、麻将、骑行等；

②按照社会身份分类，如企业家、终端店主、协会成员等。

（2）社群活动形式

①兴趣爱好分类；

②社会身份分类。

（3）二次社群活动开展

①第一次社群活动后建立分类客户档案；

②对一级与二级核心决策者组织实施二次社群活动；

③参与过两次社群活动的核心消费者确定为大客户，实施大客户管理模式，同时借用其资源引入更多社群活动参与者。

（五）团购客户维护

"以情动人，沟通为桥"，在团购客户的日常管理中，厂家需采取多元化方式，如定期电话回访、上门拜访及微信互动等，实现与团购客户的双向高效沟通。通过不断加深情感联结，确保团购客户时刻感受到厂家无微不至、贴心周到的服务，进而构筑起稳固而长久的合作关系。

1. 电话/微信拜访

作为公关人员，日常维护客情、保持与目标人物的良好关系是至关重要的。这需要我们通过各种方式强化与目标人物的沟通，不断加深彼此的联系。

2. 周期性实地拜访

在进行纯客情维护的实地拜访时，需留意以下几个关键点：一是准备高档且得体的礼品，以体现对对方的尊重与重视；二是传达公司高层的诚挚问候，让对方感受到来自整个公司的关怀与重视，这种自上而下的关注能显著增强双方的情感联系；三是若条件允许，最好能组织一些小型的培训或分享活动，如产品知识讲解、行业趋势分析等。

3. 重大节假日客情维护

采用的方式通常包括贺词和赠送礼品两种。

4. 阶段性礼品赠送

对于A级客户，我们采取月度赠送策略，以保持紧密的联系与互动；而对于重点客户，则实施季度赠送计划，确保在关键时刻给予足够的关注与支持。

5. 组织旅游

不定期组织特色旅游或到工厂参观，感受厂家实力。

6. 目标消费者联谊会

在特殊节日期间组织联谊会活动，通过面对面的交流与互动，进一步强化厂家与消费者之间的情感纽带，提升他们对品牌的忠诚度。

7. 关键人物返利

建立长期激励体系。

四、商超渠道运营与管理

商超渠道也称为 KA 渠道，其中"KA"是英文"Key Account"的缩写，意指"重要客户"。商超渠道在快消品市场中具有重要地位。其主要作用有：提供"一站式"购物的便利性服务，产品资源高度集中，快消品市场开拓的牵头人，先进管理理念的运用和实践地，品牌建立的形象点，承担部分销量任务等。商超渠道作为品牌展示的关键窗口，在构建品牌知名度和认知度方面发挥着其他渠道难以替代的重要作用。因此，商超渠道管理已成为现代渠道管理工作的核心要务。

（一）分类与特点

1. 商超渠道的分类

（1）按照各类超市的经营模式及特点进行分类

①百货购物中心：百货购物中心通常指的是在一个大型建筑物内或建筑群中，集中了多个零售店铺、服务设施，由企业统一规划、开发、管理和运营的商业集合体。它不仅提供多样化的商品选择，还融合购物、餐饮、娱乐、休闲等，以满足消费者全方位的购物需求。

②生鲜超市：现代化"菜市场"，采用自助选购模式，专注于销售食品、生鲜食材、副食品及日常生活用品，全方位满足顾客的日常消费需求，成为一种贴近生活的新型零售业态。

③大卖场：大卖场是一种集购物、休闲、娱乐于一体的大型零售场所，是一个大型的、开放式的零售空间。它通常销售大量的食品、日用品、家电等，满足顾客一站式的购物需求。

④仓储式超市：仓储式超市是一种带有批发性质的批售式商店，也称为仓储式商场或货仓式商场。它主要采取批量贩卖的方式，面向消费者提供相对较低的价格和一站式购物体验。

⑤区域型连锁超市：区域型连锁超市是指在一个相对较大的地理区域内（如一个大城市或特定地理区域），通过连锁经营方式运营多家超市，这些超市实行统一进货、统一配送、统一管理，以满足该区域内消费者对日常生活用品、食品、生鲜食品、副食品等大众化实用商品的需求。如，7~11便利店、罗森便利店。

（2）根据商超的实际营业面积及整体规模，可以将其细分为以下几类

①小型商超：这类商超通常拥有较为紧凑的营业面积，一般不超过1,000平方米，主要服务于周边社区的居民，提供日常生活所需的基本商品。

②中型商超：营业面积在1,000平方米至5,000平方米之间，商品种类相对丰富，不仅涵盖日常必需品，还开始引入部分特色商品和服务，以满足消费者更多元化的需求。

③大型商超（或称大卖场）：其营业面积广阔，通常超过5,000平方米，甚至可达数万平方米。这类商超商品种类繁多，几乎囊括了所有生活消费品，同时配备完善的购物设施和服务，如停车场、餐饮区、儿童游乐区等，为消费者提供一站式购物体验。

④超大型商超（或称为购物中心/百货购物中心）：这是商超中的巨无霸，营业面积往往超过10万平方米，集购物、餐饮、娱乐、休闲等多种功能于一体，成为城市或区域性的商业地标。这类商超不仅商品琳琅

满目，还汇聚了众多国内外知名品牌，为消费者提供高端、时尚的购物享受。

2. 商超渠道的特点

（1）规模大，发展快，管理规范。

商超渠道，尤其是大型连锁超市和百货商场，通常拥有庞大的营业面积和广泛的销售网络。它们发展迅速，管理规范，能够为消费者提供稳定、可靠的购物环境。

（2）统一采购、财务结算、质量标准、服务规范。

商超渠道通常实行统一采购、配送、经营管理、财务结算、质量标准和服务规范，这有助于降低运营成本，提高运营效率，同时确保商品质量和服务水平的一致性。

（3）利于形象建立，方便营销活动的开展。

对于厂家来说，商超渠道是一个理想的销售平台。它们能够迅速将产品推向市场，提升品牌知名度和市场份额。同时，商超渠道也为厂家提供了丰富的营销资源，如促销活动、广告宣传等，有助于厂家更好地推广产品。

（4）消费者信赖度高。

商超渠道通常聚集大量的消费者，他们对商超渠道的信任度较高。对于厂家来说，进入商超渠道有助于提升品牌形象和消费者信任度。

（5）对供应商要求苛刻，产品进店费高，质量要求严格。

商超渠道对供应商的要求非常苛刻，它们通常要求供应商提供高质量的产品和优质的服务，并支付高昂的进店费和其他相关费用，以确保消费者的购物体验。

（6）存在账期风险和一定的资金压力。

对于供应商来说，商超渠道存在一定的账期风险和资金压力。由于商超渠道通常采用先货后款的方式与供应商结算，因此供应商需要承担一定的资金压力。同时，如果商超渠道出现经营问题或资金链断裂等情况，供应商还可能面临无法按时收回货款的风险。

（二）门店评估与谈判进店

1. 门店评估

在与新客户展开合作之前，须先行对其各方面状况进行全面细致地调查与汇总。基于这些调查结果，对合作对象的资信状况进行评估。依据评估结果，再决定是否与该客户进行深入的合作，评估内容包括以下几个方面。

（1）商超基本信息

①商超名称与类型：明确商超的名称及其所属类型，如大型超市、百货商场、购物中心等。

②交通状况：是否有便捷的公共交通或停车场等。

③营业面积与规模：掌握商超的实际营业面积以及其在当地或区域市场的规模大小。

（2）商超管理架构与人员

①管理架构：了解商超的内部管理架构，包括各部门设置及职能划分。

②法人代表：明确商超的法人代表身份，了解其背景及管理经验。

③关键岗位人员：对商超的管理人员、财务人员、仓库人员等进行调查，了解他们的专业背景、工作经验及在商超中的角色和职责。

（3）商超运营情况

①商品种类与品牌：调查商超的商品种类和品牌覆盖情况，了解其是否满足目标顾客群体的需求。

②价格水平与促销策略：了解商超的商品价格水平、特价产品和促销活动，评估其市场竞争力和吸引力。

③销售与财务状况：通过公开渠道或行业报告收集商超的销售额、市场份额、财务状况等信息，以评估其经营稳定性和盈利能力。

（4）商超设施与环境

①设施管理：考察商超的设施和环境，包括货架、地面、灯光、空调等，以确保其运营环境良好。

②顾客服务：了解商超的顾客服务政策、售后服务流程等，以评估其顾客满意度和服务质量。

（5）市场竞争情况

①竞争对手分析：调查商超所在区域的竞争对手情况，包括数量、规模、市场份额等。

②市场需求与趋势：分析目标顾客群体的需求特点、购物习惯及市场发展趋势，以评估商超的市场潜力和发展空间。

（6）其他注意事项

①租金与合同条款：了解商超的租金水平、租赁条款及合作要求，以评估合作的经济性和可行性。

②合作历史与口碑：调查商超与其他供应商的合作历史及口碑，以评估其合作信誉和可靠性。

2. 谈判进店

在确认商超资质完备且符合合作要求后，即可正式进入合作谈判环节。这一环节是双方协商合作细节、明确权利义务、达成合作共识的关键过程。

（1）谈判的内容

①明确合作目标：在谈判开始前，双方应明确合作的目标和期望，包括销售目标、市场份额、品牌提升、顾客满意度等，以确保谈判方向的一致性。

②制定谈判策略：根据商超的实际情况和合作需求，制定切实可行的谈判策略，包括确定谈判的底线、可接受的让步范围、预期的谈判结果等，以便在谈判中灵活应对。

③详细讨论合作条款：在谈判过程中，双方应详细讨论并确定合作的具体条款，如商品供应价格、结算方式、促销政策、售后服务、违约责任等。确保每一项条款都清晰明确，避免后续合作中出现争议。

④关注合作细节：除了基本的合作条款外，双方还应关注合作过程中的细节问题，如商品陈列方式、促销活动的时间安排、库存管理等。这些细节往往影响到合作的实际效果和顾客体验。

⑤保持沟通与协商：在谈判过程中，双方应保持开放、坦诚的沟通态度，及时就分歧点进行协商和妥协。通过有效的沟通，可以增进彼此的理解和信任，为合作的顺利进行奠定基础。

⑥签订正式合同：在谈判达成共识后，双方应签订正式的合同。合同应详细记录谈判结果和合作条款，确保双方的权利义务得到法律保障。

（2）谈判心态与技巧

①了解对方的基本心态，对于掌控谈判局势至关重要。通过深入洞察对方的心理预期、利益诉求和潜在顾虑，我们能够更加精准地把握谈判的节奏和方向，从而更有效地推动合作进程。

②要认识到卖场对市场强势品牌往往持谨慎态度，不敢轻易得罪，同时也不希望其他品牌过于强大，以免影响其内部平衡。因此，务必清晰认知自己的产品在卖场中的定位。

③新品牌和强势品牌通常是卖场费用索取的重点对象，会面临不断的费用要求。在此阶段，合理控制前期投入至关重要，以确保成本效益。

④在沟通中，应着重展示我们产品的独特优势，避免过度赞扬竞争对手。同时，要让对方认识到，长期合作将为他们带来的实质性利益，从而增强合作意愿。

⑤卖场经常通过调整供价、售价、限制订单量、制定促销政策和陈列要求等手段对供应商施加压力。在正式进场销售前，务必对这些潜在问题有充分了解，并确保公司利益不受损害。

⑥在谈判过程中，要保持自信与耐心，坚持平等合作的原则，不盲目退让。在关键时刻，要适当展现出坚定的态度，以维护自身权益。

（3）价格谈判

要牢牢地掌握谈判主动权，以下几点策略尤为关键：

①深入了解自身产品所在行业及竞争对手的情况，明确自身在卖场中的定位，这是展现专业性的基础。当你以业内人的姿态出现，对手便

不敢轻易试探或随意开价，有助于确立公平的谈判起点。

②需理解卖场追求利润最大化的本质。卖场擅长维护产品间的销售平衡，期望从每款商品中都能获取利润。因此，在考虑公司利益的同时，也应兼顾卖场的收益预期。你的产品进场可能会冲击竞品销量，但也会激发竞品加大投入以保销量，这种竞争态势对卖场而言意味着更多利润机会。因此，准确预估自身产品的销量潜力，是制定合理进场策略的前提。

③面对谈判僵局，灵活应对至关重要。尝试转移焦点，减轻对方对核心争议点的关注度，同时暗示对方，合作并非唯一选择，关键在于条件双方是否都能接受。在价格这一敏感议题上，避免直接提及竞品，以免激化竞争氛围。明确表达你的价格立场，同时保持一定的灵活性，在保障公司根本利益的基础上，可以根据实际情况作出适当调整，以此展现合作诚意，促进谈判向积极方向发展。

（4）促销谈判

每次促销活动都应设定明确目标，并且考虑到卖场通常会收取相关费用。在确保目标可达成的基础上，关键在于将各项资源及费用控制在合理范围内，力求以最小的投入实现最大的产出。为此，促销谈判需重点关注以下几个方面。

①要让对方充分认识到促销活动对卖场的积极影响，比如能够显著提升营业额、增强人气等，从而激发他们主动配合的热情。通过展示促销活动的潜在益处，争取到更优的陈列位置，并促使卖场协助我们进行宣传造势，共同推动销售增长。

②要明确阐述为实现预期促销效果，我们计划投入的资源状况，包

括但不限于赠品、折扣优惠及人力资源等，并根据实际情况适度强调我们的投入力度。在此过程中，应避免过多聚焦于活动期间产品的直接销售毛利。同时，切忌提及竞品信息，以免分散注意力。重点应放在突出本次活动所能带来的独特优势与积极影响上，以吸引对方的合作兴趣。

（三）商超渠道维护

1. 建立定期门店拜访制度

建立拜访制度在商超管理中至关重要。实践表明，拜访频次与商业机会成正比，频繁的拜访不仅能加深与商超的合作关系，还能显著提升商超对企业的信赖度。拜访频率的设定应综合考虑商超的库存周转速度、送货服务质量以及促销活动周期等多方面因素。在拜访时，需设计拜访路线与拜访数量，确保以合理利用时间。具体而言，就是要制定出一条能够在最短时间内完成最多拜访任务的路线，避免将宝贵时间浪费在路途或等待上，从而提升工作效率与拜访效果。

2. 店内检查

（1）在进行卖场巡视时，首要任务是细致入微地观察顾客的行动路径与购买模式，包括顾客进入卖场后的常规行走路线、主要人流的流动方向以及他们频繁驻足且停留时间最久的区域，这些都是解析顾客流动规律的关键要素。同时，顾客的选购偏好同样值得密切关注：他们倾向于从货架的哪一侧取物？在非主打视线区域的商品，顾客是习惯从上往下还是自下而上地浏览挑选？此外，我们还需深入分析何种陈列方式最具吸引力以及调整商品摆放位置对顾客购买决定的具体影响，从而不断优化卖场布局，提升顾客购物体验与购买转化率。

（2）识别卖场中适合做售点广告的位置也至关重要，这些位置能有效提升品牌曝光度和产品吸引力。在巡视过程中，我们还需检查我方产品的分销情况，确保产品在各个区域的覆盖，并密切关注竞品情况，以便及时调整我们的市场布局。

（3）评估我方产品的陈列与助销是否达到标准，是否优于竞争对手，这是提升销售表现的关键一环。售价策略同样需要细致审视，通过对比我方产品与竞品的售价，确保我们的定价既符合市场定位又能吸引消费者。

（4）实时检查我方产品的销售情况和库存水平，确保供应充足，避免缺货影响销售。最后，密切关注我方促销活动的执行情况，并与竞争对手的活动进行对比，及时调整策略以应对市场竞争，确保销售目标的顺利达成。这一系列综合观察与分析，将为我们提供宝贵的市场洞察，助力我们做出更加精准有效的营销策略调整。

3. 商超渠道陈列原则

（1）最大化原则：商品陈列的核心目的在于最大化利用陈列空间，有效提升货架上商品的展示数量。通过占据相较于竞争品牌更为优越的陈列位置与更大的空间，我们能够为自身创造更多的销售机遇，从而在竞争中脱颖而出，增加市场份额。

（2）全品项原则：将公司的全品项有序分类并集中陈列于同一货架上，能全面满足多样化消费者的需求，促进销量增长；还能显著提升公司品牌形象，增强产品在该销售点的市场影响力和可见度。

（3）满陈列原则：应尽力确保自家产品放满整个陈列架，实现满陈列效果。不仅能大幅提升产品的展示丰满度，还能有效防止陈列空间被竞争对手侵占，巩固我方产品的市场地位。

（4）重点突出原则：在堆头或陈列架上展示公司系列产品时，除了确保全品项覆盖与最大化陈列外，还需特别凸显主打产品的位置，以实现层次分明、重点突出的展示效果，让顾客能够迅速捕捉核心商品，及时作出选择。

（5）伸手可取原则：依据主要消费者的年龄与身高特征，将产品摆放在对他们而言最便捷、最易取用的位置，实施有针对性的高效陈列策略。

（6）整体性原则：货架上所有公司产品的陈列必须达到整齐有序、视觉美观且干净卫生的标准，同时，商品展示还需与购物环境和谐相融，以生动、吸引人的方式展现产品魅力，有效激发顾客的购买意愿。

（四）商超促销

当商品进入超市后，厂家无不竭尽全力地进行宣传，以期提升销量。超市本身也会采取多种措施来提升销售业绩，但超市与厂家的宣传策略各有侧重。对于厂家而言，他们拥有丰富的促销手段，以下列举了一些常见的促销方式。

（1）打折促销

全场商品或特定商品在活动期间采用打折销售的形式进行促销，折扣可以是统一的，也可以根据商品的不同而有所差异。这种促销方式通过直接降低商品价格，有效吸引顾客购买，从而提高销售量。特别是对于季末商品、清仓商品或新上市商品，打折促销的效果尤为显著。然而，值得注意的是，频繁打折可能会对商品的品牌形象造成一定的负面影响，因此需要谨慎使用并合理规划。

（2）买赠促销

购买指定商品或满足一定金额后，商家会赠送其他商品或礼品，这种促销方式旨在通过提供额外的价值来增加顾客的购买欲望，进而提升客单价。为了确保促销效果，赠品的选择至关重要，它应具有足够的吸引力，并且与主商品相关联或具有互补性，这样不仅能满足顾客的额外需求，还能进一步增强其对主商品的购买意愿。

（3）抽奖/摇奖促销

购物满指定金额后，顾客即可参与抽奖或摇奖活动，商家可以设置多个奖项以吸引顾客参与，这种方式不仅增加了购物的乐趣，还满足了顾客的"博大"心理，促使他们为了达到抽奖条件而增加消费，从而提高客单价。为了确保抽奖活动的有效性和顾客的信任度，奖品的设置必须具有足够的吸引力，并且整个抽奖过程需公开透明，让顾客感受到公平与公正。

（4）捆绑销售

将两种或多种具有关联性或互补性的商品捆绑在一起销售，并以比单独购买更优惠的价格提供给顾客，这种促销方式能够有效促进商品组合的销售，同时提升客单价。通过捆绑销售，商家不仅能让顾客享受到价格上的实惠，还能引导他们尝试和购买平时可能不会单独考虑的商品，从而实现销售的增长和顾客满意度的提升。

（5）限时抢购

在指定时间内，商家以特别优惠的价格销售商品，这种限时抢购的促销方式能够利用时间紧迫感来刺激顾客的购买欲望，从而有效提升销售量。商家在实施此策略时需注意合理控制抢购商品的数量，确保库存充足，以免因商品迅速售罄而引发顾客的不满，确保促销活动的顺利进行和顾客满意度的维持。

（6）会员促销

针对会员提供的专属折扣、积分兑换、会员日优惠等促销形式，旨在通过一系列会员专属福利来增强顾客的忠诚度，并有效促进会员的复购行为。为了实现这一目标，商家需建立一套完善的会员体系，包括会员等级划分、积分累积与兑换规则、会员日特惠活动等，确保会员能够享受到与众不同的购物体验和实惠，从而加深对品牌的依赖和喜爱，实现顾客留存与消费增长。

（7）返现/满减促销

购物满指定金额后，商家现场返还现金或直接减免部分金额的促销方式，能够直接降低顾客的实际支付金额，从而有效提升顾客的购买意愿。这种直观的优惠方式让顾客感受到实实在在的实惠，促进了交易的达成。然而，商家在实施此策略时，需合理控制返现金额或减免比例，确保在吸引顾客的同时，不会因过度优惠而导致利润损失过大，维持商业运营的稳健性。

（8）节日促销

在特定节日期间，商家通过提供特别优惠或赠品的方式，利用节日的喜庆氛围，有效提升销售量。这种促销形式不仅能让顾客在享受节日乐趣的同时获得额外实惠，还加深了顾客对品牌的节日记忆。为了确保促销效果最大化，商家需根据每个节日的特点和目标顾客群体的偏好，制定与之相匹配的促销策略，使促销活动更加贴近顾客需求，激发购买热情。

五、电商渠道运营与管理

随着互联网技术的飞速进步，电子商务成为众多企业开展销售与营销活动的主流途径，尤其在快消品行业。当前，快消品企业主要采取三种电商渠道模式：一是构建并运营自有的电商平台，实现直接面向消费者的销售与服务；二是入驻如淘宝、京东等知名的第三方电商平台，借助其庞大的用户基础和成熟的交易体系拓展市场；三是与专业的电商渠道经销商合作，利用经销商的资源与经验进入电商渠道，这三种电商模式各有千秋。

（一）主流的电商渠道运营模式

1. 自营电商平台

企业自建电商平台，是指企业为了满足自身电商业务需求，通过自主开发、定制或使用专业的电商平台建设工具，在自有服务器上搭建并运营的电子商务网站。这种平台不仅承载着企业的商品展示、交易处理、客户服务等功能，还是企业品牌形象塑造、市场推广、客户关系管理的重要载体。以下是对企业自建电商平台的介绍。

（1）独立性和自主性

企业自建电商平台赋予了企业极高的独立性和自主性，使其免受第三方平台规则和限制的束缚，能够自主决定运营策略、商品策略及价格策略等核心要素，而且企业对平台拥有完全的控制权，从平台的设计、功能开发到数据管理，均可根据企业的实际需求进行深度定制和优化，从而确保平台能够精准匹配企业的业务目标和市场需求。

（2）品牌化与个性化

自建平台不仅是企业品牌形象的重要展示窗口，通过精心设计的布局、色彩和视觉元素充分展现企业的品牌特色和理念，它还为企业提供了根据目标客户群体需求和偏好定制个性化服务的机会，如商品推荐、营销活动以及客户服务等，从而极大地提升了用户体验和满意度，进一步强化了品牌形象。

（3）成本效应与长期价值

自建平台虽然初期建设成本可能较高，但长期来看，其成本效益显著。通过自建平台，企业可以避免向第三方平台支付佣金或广告费，从而有效降低运营成本，提高盈利能力。更重要的是，自建平台作为企业数字资产的重要组成部分，通过持续运营和优化，能够积累大量的用户数据和品牌资产，这些资产将为企业的长期发展提供宝贵的数据支持和品牌基础，助力企业在激烈的市场竞争中脱颖而出。

2. 第三方电商平台模式

企业通过与第三方电商平台合作（如京东、淘宝、抖音等），利用平台提供的在线交易环境、用户群体和营销工具等资源，来销售其产品或服务。这些平台通常拥有庞大的用户基础和流量入口，企业可以通过开设旗舰店或专卖店的方式，利用平台的资源和影响力进行市场推广和销售。借助第三方平台开展电商业务有以下特点。

（1）广泛性和多样性

第三方电商平台凭借其中立性、公正性以及强大的品牌影响力和市场推广能力，吸引了包括个人消费者、中小企业、大型企业、批发商、零售商等在内的多样化用户群体。这些用户来自不同行业、不同地区和不同社会阶层，拥有各自独特的需求和偏好。平台通过提供丰富多样的商品和服务，有效地满足了这些用户的广泛需求，进而吸引了众多用户注册和使用，形成了庞大的用户规模。这种规模效应不仅为平台带来了巨大的流量和交易机会，也为商家开辟了广阔的市场。

（2）用户活跃性

第三方电商平台通过不断优化用户体验、提供个性化的推荐和服务、举办各种促销活动和优惠活动等方式，保持了用户的高活跃度。用户不仅会在平台上进行购物、支付、评价等，还会积极参与社区的互动、分享购物心得、讨论等。这种持续的用户活跃度为平台带来了源源不断的流量和交易机会，也为商家提供了更多的曝光和销售机会。

（3）用户数据的丰富性

由于拥有广泛的用户群体，第三方电商平台能够收集到大量的用户数据，包括用户的购物行为、浏览记录、偏好、支付习惯等。这些数据对于商家来说具有极高的价值，可以帮助他们深入了解市场需求和消费者行为，制定更加精准的营销策略和产品策略。同时，平台也可以利用这些数据为用户提供更加个性化的推荐和服务，进一步提升用户体验和满意度。

（二）第三方电商平台特点

1. 短视频电商平台特点

抖音电商作为当前电商市场的一匹黑马，凭借其独特的优势吸引了大量商家和消费者的关注。

（1）流量巨大与用户基础广泛

抖音电商拥有庞大的用户基础，日活跃用户数超过 6 亿，这为商家提供了广阔的市场和丰富的潜在客户资源，使他们能够轻松触达大量活跃用户，从而增加商品的曝光度和销售机会。

（2）内容驱动的电商模式

抖音电商以短视频和直播为主要呈现形式，通过精心策划的内容创造购物兴趣，采用高效的"货找人"模式，极大地增加了商品的可见度和吸引力。商家可以充分利用这一平台，通过富有创意的短视频和直播，直观且生动地展示商品，从而激发消费者的购买欲望。

（3）社交化营销与互动性强

抖音的社交功能为商家提供了与消费者建立直接联系的社交化渠道，有助于提升消费者对商品的信任与忠诚度。用户能够在评论区、私信等多个互动环节与商家及其他用户进行即时交流，这种互动不仅增强了用户的参与感，还进一步巩固了彼此间的信任基础。

（4）多元化

抖音电商支持多元化的营销模式，商家可以灵活运用短视频、直播带货等形式，根据自身品牌特色和目标客户群体的需求定制营销方案。

同时，商家还能与抖音平台上的网红或达人携手合作，借助其广泛的影响力来推广产品，实现销售增长。

（5）精准推算算法

抖音电商凭借其先进的算法和庞大的数据量，能够精准识别用户兴趣，为他们推荐适合的商品。这种个性化推荐机制显著提高了用户对推荐产品的关注度和购买意愿，从而有效提升了带货的成功率。

2. 综合性电商平台特点

淘宝、京东、拼多多是中国电商市场中极具代表性的三大平台，它们拥有不同的特点和优势。

（1）淘宝

①商品种类齐全：淘宝作为中国最大的C2C电子商务平台，商品种类极为丰富，从日常用品到高端奢侈品应有尽有，几乎可以满足消费者的所有需求。

②价格灵活：淘宝平台上有大量的中小卖家，价格竞争激烈，消费者往往能在这里找到性价比高的商品。

③用户基数大：淘宝拥有庞大的用户群体，商家容易获得流量，同时也有利于消费者在众多选择中找到自己心仪的商品。

④社交属性较弱：相较于抖音电商，淘宝的社交属性相对较弱，用户主要通过搜索和浏览来寻找商品。

（2）京东

①商品品质保障：京东以自营商品的正品率高和完善的售后服务著称，特别是在电子产品、家电等大件商品领域，消费者更信赖京东。

②物流速度快：京东拥有强大的物流体系，能够确保商品快速配送到消费者手中，提升购物体验。

③用户体验良好：京东注重用户体验设计，提供了简洁美观的界面、智能化的搜索引擎和个性化的推荐系统等。

④价格可能偏高：由于京东对商品品质的严格把控和完善的售后服务，部分商品的价格可能会比其他平台略高。

（3）拼多多

①低价策略：拼多多以低价策略为主，通过与厂家或供应商直接合作，以更低的价格销售商品，吸引了大量价格敏感的消费者。

②社交电商模式：拼多多将社交电商的概念引入了电商领域，用户可以通过分享商品链接到社交网络，邀请朋友参与拼团，从而以更低的价格购买商品。

③农产品电商：拼多多是中国最大的农产品电商平台之一，平台上的农产品种类丰富，价格实惠，且多数商品来自原产地直供。

④用户参与度高：拼多多鼓励用户参与平台的运营和推广，通过设置红包、砍价等活动，提高用户的黏性和参与度。

3. 种草电商平台

截至2024年6月，小红书平台月活用户已超过3亿，同比增长30%。其中，90后、95后年轻用户占比超过70%，女性用户占据主导地位。小红书已成为年轻人生活方式和潮流趋势的发源地，美妆、护肤、时尚、母婴等领域的内容很丰富，同时对新消费起到了引导作用。平台上的内容多元化，涵盖了从本地生活到母婴社区的各个领域，为品牌营销提供了广阔的空间。

①社交电商平台：小红书最初以分享海外购物攻略和心得而被大众所知，现已发展成为一个集购物、分享与社交于一体的综合性平台。用户可以在平台上发布笔记，分享购物体验、生活小窍门或任何引人入胜的话题，同时也可以在平台上购买心仪的商品。

②多元内容社区：小红书涵盖了时尚、美妆、旅行、美食、健身等众多领域，形成了一个互动性强的社区。用户可以通过文字、图片、视频等形式，分享生活经验、产品测评、旅行攻略等内容。

③精准匹配技术：小红书利用先进的机器学习技术，实现了对海量信息与用户的高效、精准匹配，提升了用户体验和购物效率。

（三）电商团队组建

无论企业选择自建电商平台还是依托第三方电商平台开展业务，组建专业的电商团队都是不可或缺的环节，这是确保电商活动顺利进行的基础。当然，企业也可以选择与电商渠道经销商合作，将产品直接交由经销商销售，但这种模式存在潜在风险，如电商平台上的低价竞争可能导致产品整体价格体系失衡。

1. 电商团队的组织架构

电商团队的组织架构通常根据其规模、业务范围及战略目标的不同而有所差异。一般来说，一个典型的电商团队组织架构包括以下几个核心部分：运营、设计、仓储物流。

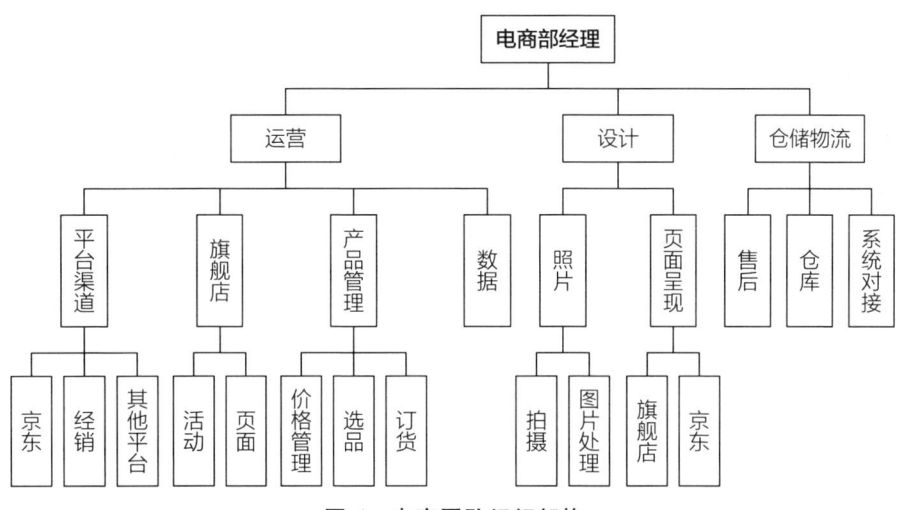

图 4　电商团队组织架构

2. 电商运营部的主要作用

（1）策略规划与执行：电商运营部门负责全面规划与执行电商业务的整体策略，涵盖了市场定位、目标客群的精准分析、销售渠道的优选、产品的合理定价以及促销活动的精心设计。同时，该部门还需根据市场动态和消费者需求的不断变化，灵活调整并优化运营策略，以确保电商业务能够持续、稳定地增长。

（2）平台管理与优化：电商运营部门不仅负责电商平台（涵盖自建网站、第三方电商平台等）的日常运营与全面管理，这包括商品的及时上架、页面内容的持续优化以及库存的精准管理，通过深入的数据分析，不断迭代平台功能，提升用户体验，从而有效提高转化率并增强用户满意度。

（3）营销推广：电商运营部门负责制订并执行包括短视频种草、社交媒体营销、软文种草等在内的线上营销推广计划，通过各种营销手段，提升品牌知名度与产品曝光率，有效吸引潜在客户群体，进而促进销售增长与市场份额的提升。

（4）数据分析与决策支持：负责收集并分析电商业务的多维度数据，涵盖销售数据、用户行为数据以及市场趋势数据等，通过深入的数据洞察，为企业决策提供科学、精准的依据，助力产品策略、营销策略及运营策略的不断优化与升级。

3. 电商设计部的主要作用

电商设计部通过专业的设计和创意，为电商平台提供强大的支持。

（1）网站页面设计优化。负责设计网站的整体界面，涵盖首页、商品详情页、购物车等关键页面，确保用户在桌面端能够轻松、愉悦地浏览和购买商品。同时，随着移动互联网的迅猛发展，移动端设计已成为电商设计部不可或缺的重要职责，他们专注于设计符合手机和平板等移动设备特点的界面，力求在移动端为用户提供同样流畅、舒适的购物体验。

（2）专卖店整体设计优化。包括色彩搭配、字体选择以及图标设计，确保店铺的视觉风格与品牌形象统一。负责为公司的广告宣传活动设计各类素材，如线上广告、海报、折页等，根据活动的具体目标和受众特点，创作出既吸引眼球又具有良好传播效果的广告作品。同时，电商设计部也负责设计店铺 Logo、整体设计风格等关键元素，进一步强化品牌形象，提升品牌的市场认知度和影响力。

4. 电商仓储物流部的主要作用

电商仓储物流部是电商企业中负责商品存储、分拣、包装、配送及售后等环节的重要部门。其主要工作内容可以归纳为以下几个方面。

（1）商品存储与管理。负责接收供应商发来的商品，并根据实际需求进行妥善储存与保管，以防止商品损坏、丢失或过期，确保库存信息实时更新，从而满足市场需求。

（2）订单处理。在顾客下单购买商品后，根据订单精准拣选相应商品，并进行打包和标记，随后将打包好的商品及时交付给物流合作伙伴，以确保订单能够迅速、准确地送到顾客手中。

（3）质量检查与退货处理。在商品进入仓库后，进行严格的质量检查，确保每一件商品都完好无损、无瑕疵，保障顾客收到的商品完全符合预期。负责高效处理商品的退回流程，并重新上架符合销售标准的商品。

（四）电商平台运营策略

对于快消品电商渠道而言，一个核心挑战在于如何有效管理价格体系，防止线上产品价格低于线下，从而对线下渠道的产品价格造成冲击，进而影响整个销售体系生态的平衡。价格体系的失控不仅可能损害线下经销商的利益，削弱他们的销售积极性，还可能导致品牌形象受损，消费者信任度下降。因此，控制并优化电商平台的价格体系尤为重要。

1. 产品策略

为了有效维护线下渠道的价格体系，同时充分利用电商渠道的优势，快消品企业可以采取制定电商专供产品的策略。这一策略的核心在于为电商平台设计并推出一系列与线下渠道有所差异的产品，从而避免直接价格竞争，并满足线上消费者的独特需求。电商专供产品是指专为电商平台设计、生产或定制的产品，这些产品在线下渠道通常不销售或销售版本有所不同，以确保线上线下的产品差异化和价格体系的独立性。

2. 价格策略

快消品企业应采纳线上线下价格一致的策略，确保同一商品在不同渠道的定价保持高度一致或维持在合理的价差区间内，以此策略兼顾线下经销商的利益保护与线上消费者的价格公平感知。通过线上渠道稳定展示统一价格，树立一个清晰、透明的价格标杆，为线下渠道定价提供明确的参照基准。线上平台的开放性和透明度，也使消费者能够轻松对比各渠道价格，这一机制有效促进了线下渠道价格的标准化，遏制了不必要的价格战，从而维护了整个销售系统的健康与稳定。

3. 电商渠道稳价策略

（1）加强渠道沟通：与电商平台和线下经销商保持密切沟通，共同维护价格体系。通过定期会议、信息共享等方式，确保各方对价格策略有相同的理解，并统一执行。

（2）建立奖惩机制：对遵守价格体系的渠道合作伙伴给予奖励，如提供更多的市场支持、优先供货等；对违反价格体系的渠道合作伙伴，则采取警告、罚款甚至取消合作等惩罚措施。

（3）随时抽查线上价格：设立专门的价格监管专员，负责定期或不定期地对线上各平台的产品价格进行细致抽查。一旦发现触碰价格红线的店铺，立即进行取证，包括但不限于截图、记录价格变动轨迹等。随后，通过深入调查与分析，追溯至供货源头，明确责任方，并果断采取停止供货等必要措施，以确保价格体系的稳定性。

后 记

最近发现自己写书好像有点上瘾了，于是去网上查了一下，还真的有写作上瘾这一说。可能是最近为了写书，养成了写作的兴趣吧。难以想象，从小写作文就很差的人，居然能写这么多文字。写书这件事好像也让我改变了很多，我的作息变得规律了很多，现在习惯每天把闹钟设置为早晨五点半，闹铃一响打开电脑开始写作。就这样从天黑写到白天出去工作前，周末也不例外。白天忙完，晚上回来休息一会，继续写作，十点半准时睡觉。运动的时间、游戏的时间都没有了，也不知道多少个周末没有出去拍照、旅行了。

写完后记，全书的主要内容算是完成了，总体来讲，写书好像并没有自己想象得那么难，幸福来得有点突然，等交完稿，想好好休息几天。

写这本书的时候，难免回忆起过去在快消品行业的点点滴滴，这期间有开心也有失落，这本书好像是这十几年来的一个总结。最后一篇文章了，就只想随便写点什么文字，写到哪算哪了。难以想象，自己也写书了，感谢我遇到的第一个编辑，帮助我策划选题，还有识干家这个平台，让我们这些新人有机会出书。

回想起高考毕业选专业，当时什么也不懂，选了个现在某主播口中所谓不好的专业：市场营销。想想他说的好像有点对，但也好像不全对。目前班里的一些同学，有的在做销售，有很多也没有做和市场营销相关的工作。我则是毕业后就稀里糊涂地进入了快消品行业，当时企业去学校招聘，一看是大公司就来了。

最有意思的还是刚做业务的时候。当时我是燕京啤酒业务员，遇到了一个做青岛啤酒业务的人，聊着聊着相熟了。有段时间，我们一起跑业务，下了班一起吃串喝啤酒，我拿一瓶燕京啤酒，他拿一瓶青岛啤酒，吃着聊着，聊开拓市场的酸甜苦辣，有欢笑也有泪水。

往事不堪回首，转眼间十几年过去了，回想起当时自己在这个行业里摸索，也走了不少弯路。希望自己的这本书，能给快消品行业的从业者带来一些帮助，少走一些弯路。

谢忠涛

2024 年 12 月于秦皇岛